中等职业教育

改革创新

系列教材

F I N A N C I A L   A C C O U N T I N G

李皓 胡盼

主编

胡贝贝 吴鸣
张瑞珍

副主编

税费核算与智能申报

微课版

人民邮电出版社

北京

图书在版编目（CIP）数据

税费核算与智能申报：微课版 / 李皓，胡盼主编
. -- 北京：人民邮电出版社，2023.8
中等职业教育改革创新系列教材
ISBN 978-7-115-61780-4

Ⅰ．①税… Ⅱ．①李… ②胡… Ⅲ．①税费－计算－
中等专业学校－教材②纳税－税收管理－中国－中等专业
学校－教材 Ⅳ．①F810.423②F812.42

中国国家版本馆CIP数据核字(2023)第083566号

内 容 提 要

本书依据国务院印发的《国家职业教育改革实施方案》的要求，以财政部、国家税务总局全新修订颁布的税收法律法则为主要法规依据，针对中等职业学校学生的培养目标，按照办税员工作岗位的工作内容，选取了增值税核算与智能申报、消费税核算与智能申报、城市维护建设税及教育费附加核算与智能申报、企业所得税核算与智能申报、个人所得税核算与智能申报、财产和行为税核算与智能申报和社保金及住房公积金核算与智能申报 7 个学习情境。

本书既可作为中等职业学校财会类专业学生的教材，也可作为学生参加税务技能大赛和初级会计资格考试的参考书。

◆ 主　编　李　皓　胡　盼
　　副主编　胡贝贝　吴　鸣　张瑞珍
　　责任编辑　刘　尉
　　责任印制　王　郁　彭志环

◆ 人民邮电出版社出版发行　北京市丰台区成寿寺路 11 号
　　邮编　100164　电子邮件　315@ptpress.com.cn
　　网址　https://www.ptpress.com.cn
　　三河市中晟雅豪印务有限公司印刷

◆ 开本：787×1092　1/16
　　印张：11.5　　　　　　　　　　2023 年 8 月第 1 版
　　字数：199 千字　　　　　　　2023 年 8 月河北第 1 次印刷

定价：39.80 元

读者服务热线：(010)81055256　印装质量热线：(010)81055316
反盗版热线：(010)81055315
广告经营许可证：京东市监广登字 20170147 号

FOREWORD

前　言

党的二十大报告指出"全面贯彻党的教育方针，落实立德树人根本任务"。《国家职业教育改革实施方案》中提出要按照专业设置与产业需求对接、课程内容与职业标准对接、教学过程与生产过程对接的要求，完善中等、高等职业学校课程设置标准。遵循国家政策指引、税收法规的变化，我们编写了中等职业学校财会类专业适用的《税费核算与智能申报》一书。本书有以下主要特点。

（1）结构包括7个学习情境，按照识、算和报的思路设计学习情境。针对税法变化较快的特点，本书根据最新的税收法律法规编写，充分体现了教材的前瞻性与时效性。

（2）在编写体例上，加入"试一试""记一记""注意""知识结构图""素质案例分析题"等内容，增加了本书的价值导向与趣味性。

（3）体现"互联网+教育"的智慧学习理念。学生用手机等终端设备扫描书中二维码，即可免费观看视频、动画，实现实时实地移动学习。

（4）配套开发实训平台"浙科税务综合实训平台"，教师可登录人邮教育社区（www.ryjiaoyu.com）获取免费的教学软件。

本书由武汉市第一商业学校李皓、胡盼任主编，武汉市第一商业学校胡贝贝、吴鸣，淄博职业学院张瑞珍任副主编，武汉市第一商业学校宋杰参与了本书的编写。李皓负责全书修改总纂和定稿。

本书既可作为中等职业学校财会类专业学生的教材，也可作为学生参加税务技能大赛和初级会计资格考试的参考书，书中带*的内容可根据需要选学。

由于编者水平有限，书中难免存在不妥之处，敬请广大读者批评指正。

编　者

2023年7月

CoNTENTs

目 录

导言

税收概述

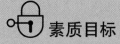

素质目标

1 培养学生爱岗敬业、诚实守信的职业道德
2 培养学生遵纪守法、诚信纳税的意识
3 培养学生团队协助、团队互助的意识
4 培养学生一丝不苟的职业情怀

知识目标

1 掌握税收的概念和特征
2 掌握税收法律制度及构成要素
3 了解税收的分类

👤 一、认识税收

（一）税收的概念

税收是指以国家为主体，为实现国家职能，凭借政治权力，按照法定标准，无偿取得财政收入的一种特定分配形式。

税收体现了一定社会制度下国家与纳税人在征税、纳税的利益分配上的一种特定分配关系，是政府收入的最重要来源。在社会主义市场经济运行中，税收具有资源配置、收入再分配、稳定经济和维护国家政权的作用。

（二）税收的特征

政府筹集财政收入的方式除税收外，还有发行公债、国有资产收益、向社会收取各种规费等。税收与其他财政收入方式相比，具有强制性、无偿性和固定性的特征。

税收的概念及特征

1．强制性

税收的强制性是指税收是国家以社会管理者的身份，凭借政权力量，依据政治权力，通过颁布法律或政令来进行强制征收的。强制性表现为两个方面：一方面是指税收分配关系的建立具有强制性，即税收征收完全凭借国家拥有的政治权力；另一方面是指税收的征收过程具有强制性，即如果集体或个人出现了税务违法行为，国家可以依法进行处罚。

2．无偿性

税收的无偿性是指通过征税，社会集团和社会成员的一部分收入转归国家所有，国家不向纳税人支付任何报酬或代价。无偿性体现为两个方面：一方面是指政府获得税收收入后无须向纳税人直接支付任何报酬；另一方面是指政府征得的税收收入不再直接返还给纳税人。

3．固定性

税收的固定性是指国家通过法律形式规定了纳税人、征税对象、税目等，征税方和纳税方都必须遵守，不得随意变更。

税收的三个特征是统一的整体。其中，强制性是实现税收无偿征收的强力保证，无偿性是税收本质的体现，固定性是强制性和无偿性的必然要求。

👤 二、税收法律制度及构成要素

税收法律制度是国家在一定时期、一定体制下制定的用以调整国家和纳税人在征纳方面权利和义务的法律规范的总称。

我国现行税收法律制度的构成要素一般包括纳税人、征税对象、税目、税率、计税依据、纳税环节、纳税期限、纳税地点、税收优惠、法律责任等项目。其中，纳税人、征税对象和税率为构成税收法律制度的三大基本要素。

（1）纳税人。纳税人即纳税主体，又称纳税义务人，是指直接负有纳税义务的法人、自然人及其他组织。

与纳税人相联系的另一个概念是扣缴义务人。扣缴义务人是税法规定的，在其经营活动中负有代扣税款并向国库缴纳义务的单位。

税收法律制度及
构成要素

（2）征税对象。征税对象即纳税客体，又称课税对象，是指税收法律关系中征纳双方权利、义务所指向的对象。不同的征税对象也是区分不同税种的重要标志。我国现行税收法律、法规都有自己特定的征税对象。

（3）税目。税目是税法中具体规定应当征税的项目，它是征税对象的具体化。规定税目一是为了明确征税的具体范围；二是为了对不同的征税项目加以区分，从而制定高低不同的税率。例如，消费税具体规定了烟、酒等 15 个税目。

（4）税率。税率是对征税对象的征收比例或征收额度。税率是计算税额的尺度，也是衡量税负轻重与否的重要标志。税率是税收法律制度中的核心要素。我国现行税率的主要形式有比例税率、定额税率、超额累进税率、超率累进税率。

① 比例税率。比例税率是指同一个征税对象，不论其税额大小，均按同一比例征税的税率。比例税率具体可分为行业比例税率、产品比例税率、地区差别比例税率、有免征额的比例税率、分档比例税率和幅度比例税率等多种形式。

② 定额税率。定额税率又称固定税额，是指按征税对象的一定单位直接规定固定的税额，而不采取百分比的形式。

③ 超额累进税率。超额累进税率是将征税对象逐步递增的数额划分为若干等级，按等级规定相应的递增税率，对每个等级分别计算税额。目前我国个人所得税中的居民个人综合所得适用的就是 3% ～ 45% 的超额累进税率。

④ 超率累进税率。超率累进税率是将征税对象的某种递增比例划分若干等级，按等级规定相应的递增税率，对每个等级分别计算税额。我国的土地增值税便采用这种税率。

（5）计税依据。计税依据是指计算应纳税额的依据或标准，即根据什么来计算纳税人应缴纳的税额。一般有从价计征和从量计征两种。从价计征，是以计税金额为计税依据，计税金额是指征税对象的数量乘以计税价格的数额。从量计征，是以征税对象的重量、体积、数量等为计税依据。

（6）纳税环节。纳税环节主要指税法规定的征税对象在从生产到消费的流转过程中应当缴纳税款的环节。

（7）纳税期限。纳税期限是指纳税人按照税法规定应缴纳税款的期限。如增值税的纳税期限分别为1日、3日、5日、10日、15日、1个月或1个季度。

（8）纳税地点。纳税地点是指根据各税种的纳税环节和有利于对税款的源泉控制而规定的纳税人（包括代征、代扣、代缴义务人）具体申报缴纳税款的地点。

（9）税收优惠。税收优惠是指国家对某些纳税人和征税对象给予鼓励和照顾的一种特殊规定。制定这种特殊规定，一方面是为了鼓励和支持某些行业或项目的发展，另一方面是为了照顾某些纳税人的特殊困难。主要包括以下内容。

① 减税和免税。减税是指对应征税款减少征收部分税款。免税是指对按规定应征收的税款给予免除。减税和免税具体又分两种情况，一种是税法直接规定的长期减免税项目，另一种是依法给予的一定期限内的减免税措施，期满之后仍依规定纳税。

② 起征点。起征点也称"征税起点"，是指对征税对象开始征税的数额界限。征税对象的数额没有达到规定起征点的不征税；达到或超过起征点的，就其全部数额征税。

③ 免征额。免征额是指对征税对象总额中免予征税的数额。即对纳税对象中的部分给予减免，只就减除后的剩余部分计征税款。

（10）法律责任。法律责任是指对违反国家税法规定的行为人采取的处罚措施。一般包括违法行为和因违法而应承担的法律责任两部分内容。违法行为是指违反税法规定的行为，包括作为和不作为。因违法而应承担的法律责任包括行政责任和刑事责任。纳税人和税务人员违反税法规定，都将依法承担法律责任。

三、我国税种及其分类

我国现行开征的税种有增值税、消费税、关税、企业所得税、个人所得税、资源税、城镇土地使用税、耕地占用税、土地增值税、房产税、车船税、契税、车辆购置税、印花税、城市维护建设税、环境保护税、烟叶税、船舶吨税共18个税种。这些税种按照不同的划分方法可以进行下列的分类。

1. 按征税对象分类

按征税对象的不同，我国目前的 18 个税种可以分为商品劳务税、所得税、资源税、财产税、行为目的税五类。

（1）商品劳务税包括增值税、消费税和关税。

（2）所得税包括企业所得税和个人所得税。

（3）资源税包括资源税、城镇土地使用税、耕地占用税和土地增值税。

（4）财产税包括房产税、车船税、契税和车辆购置税。

（5）行为目的税包括印花税、城市维护建设税、环境保护税、烟叶税和船舶吨税。

我国税种及其分类

2. 按税收与价格的关系分类

按税收与价格的关系划分，税收可分为价内税和价外税。

凡在征税对象的计税价格中包含税款的税，均称为价内税，如消费税等；凡在征税对象的计税价格中不包含税款的税，均称为价外税，如增值税等。

3. 按计税依据分类

按计税依据的不同，税收可以分为从价税和从量税。

从价税是以征税对象的价值量为标准，按照一定比例计算征收的税，如增值税、企业所得税等；从量税是以征税对象的重量、件数、容积、面积等为标准，按固定税额征收的税，如车船税、城镇土地使用税等。

4. 按税负能否转嫁分类

按税负能否转嫁，税收可以分为直接税和间接税。

直接税是指纳税人承担税负，不发生税负转嫁关系的一类税，如企业所得税、房产税等；间接税是指纳税人与负税人不一致的一类税，如增值税、消费税、关税等。

5. 按税收收入归属分类

按税收收入归属的不同，税收可以分为中央税、地方税和中央与地方共享税。其中中央税的税收收入归中央政府支配和使用，包括消费税、车辆购置税、关税、海关代征的进口环节的增值税等；地方税的税收收入归地方政府支配和使用，包括城镇土地使用税、耕地占用税、土地增值税、房产税、车船税、契税等；中央与地方共享税的税收收入由中央政府与地方政府共同享有，按一定比例分成，包括增值税、企业所得税、个人所得税等。

知识结构图

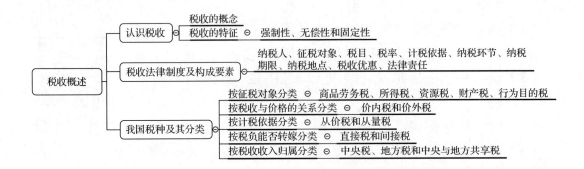

课后练习

（一）单项选择题

1. 税收作为一种特定的分配形式，有着自身固有的形式特征，即（　　）。
   A. 强制性、无偿性、合法性　　　　B. 强制性、合理性、合法性
   C. 强制性、无偿性、固定性　　　　D. 固定性、合理性、合法性

2. 下列税收法律制度的构成要素中，属于区分不同税种的重要标志的是（　　）。
   A. 纳税人　　　B. 征税对象　　C. 税率　　　　D. 计税依据

3. 下列税收法律制度的构成要素中，属于衡量纳税人税收负担轻重与否的重要标志的是（　　）。
   A. 纳税期限　　B. 减税免税　　C. 税率　　　　D. 纳税环节

4. 下列税种中，目前采用超额累进税率的是（　　）。
   A. 土地增值税　　　　　　　　　B. 城市维护建设税
   C. 个人所得税　　　　　　　　　D. 增值税

5. 下列税种中，不属于商品劳务税的是（　　）。
   A. 增值税　　　B. 消费税　　　C. 关税　　　　D. 企业所得税

6. 下列税种中，属于中央与地方共享税的是（　　）。
   A. 消费税　　　B. 车辆购置税　C. 增值税　　　D. 关税

（二）多项选择题

1. 税收的实质是国家为了行使其职能取得财政收入的一种方式，特征主

要表现在（   ）。

    A. 非惩罚性   B. 固定性   C. 强制性   D. 无偿性

2. 下列各项中，属于税收作用的有（   ）。

    A. 资源配置   B. 收入再分配 C. 稳定经济   D. 维护国家政权

3. 我国现行的税率形式有（   ）。

    A. 比例税率   B. 定额税率

    C. 超额累进税率   D. 超率累进税率

4. 下列税种中，属于地方税的有（   ）。

    A. 车辆购置税 B. 印花税   C. 车船税   D. 契税

5. 按税负能否转嫁分类，税收可以分为（   ）。

    A. 价内税   B. 价外税   C. 直接税   D. 间接税

（三）素质案例分析题

【案例资料】

1927 年 10 月，毛泽东率领湘赣边界秋收起义的队伍进军井冈山。1928 年 4 月，朱德、毛泽东在井冈山会师，组成了红四军，建立了地方工农兵政府，井冈山革命根据地得到巩固和扩大。

1928 年 12 月，毛泽东主持制定了《井冈山土地法》，规定"没收一切土地归苏维埃政府所有""以人口为标准，男女老幼平均分配"。1929 年 1 月，提出废除苛捐杂税，实行累进税法。规定分到土地的农民依照生产情况，按 5%、10%、15% 三种税率缴纳土地税。

1931 年 11 月，中华苏维埃共和国临时中央政府在江西瑞金成立，颁布了《中华苏维埃共和国宪法大纲》《中华苏维埃共和国土地法》等政策法规。其中专门颁布了《中华苏维埃共和国暂行税则》，规定税收主要分为农业税、商业税、工业税（暂未开征）三大类。

农业税只对谷麦等主要农产品征税，对副产品不征税。征税标准按每年各乡中等田的实收谷数，以担为单位计征。年收谷 4 担以上 15 担以下者，按 1% ~ 16.5% 分为 12 个等级累进税率征收。同时还做出了对红军士兵及其家属、雇农及工人等减免税的规定。

商业税规定，本地商人按资本额征税，过商按交易额征税。本地商人资本额 200 元 ~ 100 000 元，分 13 个等级累进征税，税率最低 2%，最高 18.5%。商人营业须先向政府财政机关领取营业证，照章纳税。

即使如此，当时税收收入仍然较少，动员群众捐献是获得财政收入的另一个重要方式。由于农民获得了土地所有权，与党结下了血肉相连的关系，农民愿意牺牲暂时利益来保卫革命胜利成果。

【案例解读与思考】

在汉语中，"税"是由"禾"和"兑"两个字组成的。"禾"指农产品，"兑"有送达的意思。英文中的"税"——"tax"意指为公共目的向政府支付货币。

中央苏区税收是中国共产党有组织、有目的开展税收工作的开始，是具有社会主义性质税收的一次初步尝试，为支援革命战争提供了重要财力支持。它虽然只经历了短短的几年时间，是幼小的、不完善的，但在当时的历史条件下建立社会主义性质的税收，却是开天辟地的创举。中央苏区税收是在战争环境和工作条件险恶的情况下，积极探索，大胆实践，在税收宣传、税收征管制度、税收监督等税收管理方面制定出台了一系列法规、制度、办法和措施。中央苏区税收的伟大实践，是中国共产党在领导中国革命的进程中开展财政经济工作的一项重要内容，作为社会主义性质税收的萌芽，有着重要的历史地位。

中央苏区税收是为建设和巩固红色政权而开展起来的，一切为了人民，把税收的负担主要放在剥削阶级和富裕者身上，对贫雇农和最苦阶层则实行减税或免税政策，这充分体现了社会主义税收"取之于民，用之于民"这一本质特征的萌芽。

思考：追寻红色历史重温中央苏区税收，谈谈税收的重要性。

学习情境一
增值税核算与智能申报

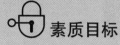 **素质目标**

1 培养学生爱岗敬业、诚实守信的职业道德
2 培养学生遵纪守法、诚信纳税的意识
3 培养学生团队协助、团队互助的意识
4 培养学生一丝不苟的职业情怀

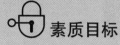 **知识目标**

1 掌握增值税的构成要素
2 掌握增值税的进项税额和销项税额
3 了解增值税的税收优惠

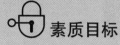 **能力目标**

1 会计算增值税应纳税额并进行会计核算
2 能完成增值税纳税申报事宜

李华，武汉某中等职业学校会计事务专业 2022 届毕业生，毕业后应聘到武汉双木筷子制造有限公司的出纳岗位。2023 年 3 月，办税员王丽丽面临休产假，公司决定由李华兼任办税员一职。本着温故而知新的理念，在王丽丽的指导下，李华重启了"税费核算与智能申报"课程学习之路，计划分 7 个学习情境完成该课程的学习。

　　第 1 个学习情境是增值税核算与智能申报。李华分"识税""算税""报税" 3 个子情境展开学习。首先要学习的是增值税到底对什么征？对谁征？征多少？即学习增值税的征税范围、纳税人和税率等基本要素。

学习子情境一　认识增值税

👤 一、增值税的征税范围

　　凡在中华人民共和国境内发生销售货物，加工、修理修配劳务，服务，无形资产，不动产（以下简称"应税销售行为"）以及进口货物的行为，均属于增值税的征税范围。

增值税的征税范围

（一）销售货物

　　货物是指有形动产，需要特别指出的是电力、热力、气体也包含在内。销售货物，是指有偿转让货物的所有权。有偿，是指从购买方取得货币、货物或者其他经济利益。

（二）销售加工、修理修配劳务

　　加工是指受托加工货物，即委托方提供原料及主要材料，受托方按照委托方的要求，制造货物并收取加工费的业务。修理修配是指受托对损伤和丧失功能的货物进行修复，使其恢复原状和功能的业务。销售加工、修理修配劳务是指提供加工、修理修配的劳动服务。

（三）销售服务

　　销售服务是指提供交通运输服务、邮政服务、电信服务、建筑服务、金融服务、现代服务、生活服务等。

　　（1）交通运输服务，是指利用运输工具将货物或者旅客送达目的地，使其空间位置发生转移的业务活动，包括陆路运输服务、水路运输服务、航空运输服务和管道运输服务。

（2）邮政服务，是指中国邮政集团公司及其所属邮政企业提供邮件寄递、邮政汇兑和机要通信等邮政基本服务的业务活动，包括邮政普遍服务、邮政特殊服务和其他邮政服务。

（3）电信服务，是指利用有线、无线的电磁系统或者光电系统等各种通信网络资源，提供语音通话服务，传送、发射、接收或者应用图像、短信等电子数据和信息的业务活动，包括基础电信服务和增值电信服务。

（4）建筑服务，是指各类建筑物、构筑物及其附属设施的建造、修缮、装饰，线路、管道、设备、设施等的安装以及其他工程作业的业务活动，包括工程服务、安装服务、修缮服务、装饰服务和其他建筑服务。

（5）金融服务，是指经营金融保险的业务活动，包括贷款服务、直接收费金融服务、保险服务和金融商品转让服务。

（6）现代服务，是指围绕制造业、文化产业、现代物流产业等提供技术性、知识性服务的业务活动，包括研发和技术服务、信息技术服务、文化创意服务、物流辅助服务、租赁服务、鉴证咨询服务、广播影视服务、商务辅助服务和其他现代服务。

（7）生活服务，是指为满足城乡居民日常生活需求提供的各类服务活动，包括文化体育服务、教育医疗服务、旅游娱乐服务、餐饮住宿服务、居民日常服务和其他生活服务。

（四）销售无形资产

销售无形资产是指转让无形资产所有权或者使用权的业务活动。无形资产包括技术、商标、著作权、商誉、自然资源使用权和其他权益性无形资产。

（五）销售不动产

销售不动产是指转让不动产所有权的业务活动。不动产包括建筑物和构筑物等。

（六）进口货物

进口货物是指将货物从我国境外移送至我国境内的行为。凡进入我国海关境内的货物，应于进口报关时向海关缴纳进口环节增值税。

（七）视同销售货物行为

单位或者个体工商户的下列行为，视同销售货物，征收增值税。

（1）将货物交付其他单位或者个人代销。

（2）销售代销货物。

（3）设有两个以上机构并实行统一核算的纳税人，将货物从一个机构移送其他机构用于销售，但相关机构设在同一县（市）的除外。

（4）将自产、委托加工的货物用于非增值税应税项目。

（5）将自产、委托加工的货物用于集体福利或者个人消费。

（6）将自产、委托加工或者购进的货物作为投资，提供给其他单位或者个体工商户。

（7）将自产、委托加工或者购进的货物分配给股东或者投资者。

（8）将自产、委托加工或者购进的货物无偿赠送其他单位或者个人。

试一试

根据增值税法律制度的规定，单位的下列情形中，应视同销售货物征收增值税的有（　　　）。

A．将外购的服装作为春节福利发给单位员工

B．将委托加工收回的卷烟赠送给客户

C．将新研发的玩具交付某商场代销

D．将外购的矿泉水无偿赠送给其他单位

（八）视同销售服务、无形资产或不动产行为

单位或者个人的下列情形视同销售服务、无形资产或者不动产，征收增值税。

（1）单位或者个体工商户向其他单位或者个人无偿提供服务，但用于公益事业或者以社会公众为对象的除外。

（2）单位或者个人向其他单位或者个人无偿转让无形资产或者不动产，但用于公益事业或者以社会公众为对象的除外。

（3）财政部和国家税务总局规定的其他情形。

二、增值税的纳税人

增值税的纳税人是指在中华人民共和国境内销售货物，加工、修理修配劳

务，服务，无形资产，不动产以及进口货物的单位和个人。

增值税纳税人按其经营规模及会计核算健全程度的不同划分为小规模纳税人和一般纳税人。应税销售行为的年应征增值税销售额超过财政部和国家税务总局规定标准的纳税人为一般纳税人，未超过规定标准的纳税人为小规模纳税人。

增值税的纳税人

（一）小规模纳税人

小规模纳税人标准为年应征增值税销售额 500 万元及以下。

小规模纳税人如果会计核算制度健全，能够提供准确税务资料，那么可以向所在地税务机关申请登记为一般纳税人，不再作为小规模纳税人。

（二）一般纳税人

一般纳税人标准为年应征增值税销售额 500 万元以上。

（三）扣缴义务人

中华人民共和国境外的单位和个人在境内销售劳务，在境内未设有经营机构的，以其境内代理人为扣缴义务人；在境内没有代理人的，以购买方为扣缴义务人。

三、增值税的税率与征收率

我国现行增值税税率设计使用了税率与征收率相结合的办法。

增值税的税率与
征收率

（一）增值税税率

（1）13% 税率。一般纳税人销售货物（适用 9% 税率的货物除外），进口货物（适用 9% 税率的货物除外），销售加工、修理修配劳务，销售有形动产租赁服务，除适用零税率之外，均适用 13% 税率。

（2）9% 税率。一般纳税人销售交通运输、邮政、基础电信、建筑、不动产租赁服务，销售不动产，转让土地使用权，销售或者进口下列货物，适用 9% 税率。

① 粮食等农产品、食用植物油、食用盐。

② 自来水、暖气、冷气、热水、煤气、石油液化气、天然气、二甲醚、沼气、居民用煤炭制品。

③ 图书、报纸、杂志、音像制品、电子出版物。

④饲料、化肥、农药、农机、农膜。

⑤国务院规定的其他货物。

试一试

一般纳税人发生的下列应税销售行为中，适用9%税率的是（　　　）。

A. 销售农机　　　　　　　　　B. 销售农机配件

C. 受托加工农机　　　　　　　D. 受托加工农机配件

（3）6%税率。一般纳税人销售增值电信服务、金融服务、现代服务（除有形动产租赁服务和不动产租赁服务外）、生活服务，销售无形资产（除转让土地使用权），适用6%税率。

（4）零税率。纳税人出口货物，税率为零，国务院另有规定的除外。

（二）增值税征收率

小规模纳税人和一般纳税人选择简易办法计税的，征收率为3%，另有规定的除外。

四、增值税的税收优惠

1. 《中华人民共和国增值税暂行条例》（以下简称《增值税暂行条例》）规定的免税项目

下列项目免征增值税。

（1）农业生产者销售的自产农产品。

（2）避孕药品和用具。

（3）古旧图书。古旧图书是指向社会收购的古书和旧书。

（4）直接用于科学研究、科学试验和教学的进口仪器、设备。

（5）外国政府、国际组织无偿援助的进口物资和设备。

（6）由残疾人的组织直接进口供残疾人专用的物品。

（7）销售的自己使用过的物品。

增值税的税收优惠

2. 起征点

根据《增值税暂行条例》的规定，增值税的起征点适用范围限于个人，且不适用于登记为一般纳税人的个体工商户。纳税人发生应税销售行为的销售额未达到增值税起征点的，免征增值税。达到起征点的，全额计算缴纳增值税。起征点的幅度规定如下。

（1）按期纳税的，为月销售额 5 000 ～ 20 000 元（含本数）。

（2）按次纳税的，为每次（日）销售额 300 ～ 500 元（含本数）。

学习子情境二 增值税的核算

李华在掌握了增值税基本要素的基础上，进入了增值税"算税"情境的学习。一般纳税人和小规模纳税人计税方法有何不同？销项税额如何计算？哪些进项税额准予抵扣，哪些又不得抵扣？进口环节的增值税又如何计算呢？增值税如何进行会计核算？围绕这些问题，李华开启了对增值税应纳税额计算和会计核算的学习。

一、一般纳税人应纳税额的计算

一般纳税人发生应税销售行为采取一般计税方法计算应纳税额，应纳税额为当期销项税额抵扣当期进项税额后的余额。其计算公式为

一般纳税人应纳税额的计算

$$应纳税额 = 当期销项税额 - 当期进项税额$$

当期销项税额小于当期进项税额不足抵扣时，其不足部分可以结转下期继续抵扣。

（一）销项税额

销项税额是指纳税人发生应税销售行为，按照销售额和适用税率计算并向购买方收取的增值税税款。其计算公式为

$$销项税额 = 销售额 \times 适用税率$$

1. 销售额的一般规定

销售额是指纳税人发生应税销售行为向购买方收取的全部价款和价外费用，但不包括向购买方收取的销项税额。价外费用是指价外向购买方收取的手续费、补贴、基金、集资费、返还利润、奖励费、违约金、滞纳金、延期付款利息、赔偿金、代收款项、代垫款项、包装费、包装物租金、储备费、优质费、运输装卸费以及其他各种性质的价外收费。

2. 含税销售额的换算

增值税是价外税，销售额中不应含有增值税税款。如果销售额中包含了增值税税款即销项税额，则应将含税销售额换算成不含税销售额。其计算公式为

$$不含税销售额 = 含税销售额 \div (1 + 增值税税率)$$

3. 特殊销售方式下销售额的确定

（1）折扣销售方式销售。折扣销售是指销货方在销售货物时，因购货方购货数量较大等原因而给予购货方的价格优惠。纳税人采取折扣方式销售货物，如果销售额和折扣额在同一张发票上分别注明，可以按折扣后的销售额征收增值税；如果将折扣额另开发票，不论其在财务上如何处理，均不得从销售额中减除折扣额。

（2）以旧换新方式销售。以旧换新是指纳税人在销售货物时，折价收回同类旧货物，并以折价款部分冲减新货物价款的一种销售方式。纳税人采取以旧换新方式销售货物的，应按新货物的同期销售价格确定销售额，不得扣减旧货物的收购价格。

但是对金银首饰以旧换新业务，可以按销售方实际收取的不含增值税的全部价款征收增值税。

（3）还本销售方式销售。还本销售是指纳税人在销售货物后，到一定期限将货款一次或分次退还给购货方全部或部分价款的一种销售方式。这种方式实际上是一种筹资，是以货物换取资金的使用价值，到期还本不付息的方法。纳税人采取还本销售方式销售货物，其销售额就是货物的销售价格，不得从销售额中减除还本支出。

（4）以物易物方式销售。以物易物是指购销双方不是以货币结算，而是以同等价款的货物相互结算，实现货物购销的一种方式。以物易物双方都应做购销处理，以各自发出的货物核算销售额并计算销项税额，以各自收到的货物按规定核算购货额并计算进项税额。在以物易物活动中，应分别开具合法的票据，如收到的货物不能取得相应的增值税专用发票或其他合法票据的，不能抵扣进项税额。

4. 包装物押金

包装物是指纳税人包装本单位货物的各种物品。一般情况下，销货方向购货方收取包装物押金，购货方在规定时间内返还包装物，销货方再将收取的包装物押金返还。纳税人为销售货物而出租、出借包装物收取的押金，单独记账核算的，且时间在1年以内，又未过期的，不并销售额征税；但对因逾期未收回包装物不再退还的押金，应按所包装货物的适用税率计算增值税税款。

5. 视同销售销售额的确定

税法规定，对视同销售征税而无销售额的，按下列顺序确定其销售额。

（1）按纳税人最近时期同类货物、服务、无形资产或不动产的平均销售价格确定。

（2）按其他纳税人最近时期同类货物、服务、无形资产或不动产的平均销售价格确定。

（3）按组成计税价格确定。组成计税价格的公式如下。

$$组成计税价格 = 成本 \times （1 + 成本利润率）$$

属于应征消费税的货物，其组成计税价格中应加计消费税税额。组成计税价格的公式如下。

$$组成计税价格 = 成本 \times （1 + 成本利润率） + 消费税税额$$

公式中的成本，是指销售自产货物的为实际生产成本，销售外购货物的为实际采购成本。公式中的成本利润率由国家税务总局确定为 10%。但属于从价定率征收消费税的货物，其组成计税价格公式中的成本利润率为《消费税若干具体问题的规定》中规定的成本利润率。

（二）进项税额

进项税额是指纳税人购进货物、劳务、服务、无形资产或者不动产，支付或者负担的增值税税额。

1. 准予从销项税额中抵扣的进项税额

根据国家税收法律制度的规定，准予从销项税额中抵扣的进项税额，限于下列增值税扣税凭证上注明的增值税税额和按照规定扣除率计算的进项税额。

（1）从销售方取得的增值税专用发票（含税控机动车销售统一发票）上注明的增值税税额。

（2）从海关取得的海关进口增值税专用缴款书上注明的增值税税额。

（3）购进农产品，取得一般纳税人开具的增值税专用发票或海关进口增值税专用缴款书的，以增值税专用发票或海关进口增值税专用缴款书上注明的增值税税额为进项税额；从按照简易计税方法依照 3% 征收率计算缴纳增值税的小规模纳税人取得增值税专用发票的，以增值税专用发票上注明的金额和 9% 的扣除率计算进项税额；取得（开具）农产品销售发票或收购发票的，以农产品销售发票或收购发票上注明的农产品买价和 9% 的扣除率计算进项税额；纳税人购进用于生产销售或委托加工 13% 税率货物的农产品，按照 10% 的扣除率计算进项税额。其计算公式为

$$进项税额 = 买价 \times 扣除率$$

试一试

甲公司为一般纳税人，2020年2月从小规模纳税人处购进一批农产品，取得增值税专用发票注明金额20万元、税额0.6万元。已知农产品扣除率为9%。甲公司该笔业务准予抵扣的进项税额为（　　）万元。

A. 0.6　　　　B. 1.8　　　　C. 1.854　　　　D. 1.962

（4）纳税人购进国内旅客运输服务未取得增值税专用发票的，暂按以下规定确定进项税额。

① 取得增值税电子普通发票的，为发票上注明的税额。

② 取得注明旅客身份信息的航空运输电子客票行程单的，按照下列公式计算进项税额

航空旅客运输进项税额 =（票价 + 燃油附加费）÷（1+9%）× 9%

③ 取得注明旅客身份信息的铁路车票的，按照下列公式计算进项税额

铁路旅客运输进项税额 = 票面金额 ÷（1+9%）× 9%

④ 取得注明旅客身份信息的公路、水路等其他客票的，按照下列公式计算进项税额

公路、水路等其他旅客运输进项税额 = 票面金额 ÷（1+3%）× 3%

 试一试

甲公司为一般纳税人，2023年3月派工程师从济南去海口出差，取得往返的航空运输电子客票行程单，注明票价3 520元，燃油附加费20元，民航发展基金100元。已知国内航空旅客运输服务按9%计算进项税额。则甲公司当月购进该航空旅客运输服务准予抵扣的进项税额为（　　）元。

A. 290.64　　　B. 292.29　　　C. 298.90　　　D. 300.55

2. 不得从销项税额中抵扣的进项税额

下列项目的进项税额不得从销项税额中抵扣。

（1）用于简易计税方法计税项目、免征增值税项目、集体福利或者个人消费的购进货物、劳务、服务、无形资产和不动产。

（2）非正常损失的购进货物，以及相关的劳务和交通运输服务。

非正常损失是指因管理不善造成货物被盗、丢失、霉烂变质，以及因违法造成货物或者不动产被依法没收、销毁、拆除的情形。

（3）非正常损失的在产品、产成品所耗用的购进货物（不包括固定资产）、

劳务和交通运输服务。

（4）非正常损失的不动产，以及该不动产所耗用的购进货物、设计服务和建筑服务。

（5）非正常损失的不动产在建工程所耗用的购进货物、设计服务和建筑服务。纳税人新建、改建、扩建、修缮、装饰不动产，均属于不动产在建工程。

（6）购进的贷款服务、餐饮服务、居民日常服务和娱乐服务。

（7）纳税人接受贷款服务向贷款方支付的与该笔贷款直接相关的投融资顾问费、手续费、咨询费等费用，其进项税额不得从销项税额中抵扣。

（8）财政部和国家税务总局规定的其他情形。

（三）应纳税额的计算

【做中学1-1】甲小机电制造企业为增值税一般纳税人，2023年3月发生经济业务如下。

（1）购进一批原材料，取得增值税专用发票注明金额100万元、税额13万元。支付运费，取得增值税普通发票注明金额2万元、税额0.18万元。

（2）接受其他企业投资转入材料一批，取得增值税专用发票注明金额50万元、税额6.5万元。

（3）购进低值易耗品，取得增值税专用发票注明金额5万元、税额0.65万元。

（4）销售产品一批，取得不含税价款300万元，同时收取包装物租金2.26万元。

（5）采取以旧换新方式销售产品，新产品含增值税售价9.04万元，旧产品作价2万元。

（6）因仓库管理不善，上月购进的一批工具被盗，该批工具的买价为10万元（购进时已抵扣进项税额）。

已知： 该企业取得的增值税专用发票均符合抵扣规定；增值税税率为13%。

要求： 计算甲小机电制造企业当月应缴纳增值税税额。

解析： 购进原材料的进项税额准予抵扣，支付的运费未取得增值税专用发票，不得抵扣进项税额；接受投资材料的进项税额和购进低值易耗品的进项税额准予抵扣；包装物租金属于价外费用，应当换算为不含税价计算销项税额；以旧换新应当按照新产品的市场销售价格计算增值税销项税额；购进工具因管理不善被盗，按照规定应进行进项税额转出处理。

（1）准予抵扣的进项税额 =13+6.5+0.65=20.15（万元）。

（2）销项税额 =300×13%+2.26÷（1+13%）×13%+9.04÷（1+13%）×13%= 40.3（万元）。

（3）进项税额转出额 =10×13%=1.3（万元）。

（4）应缴纳增值税税额 =40.3-20.15+1.3=21.45（万元）。

二、小规模纳税人应纳税额的计算

小规模纳税人应纳
税额的计算

（一）应纳税额的计算公式

小规模纳税人发生应税销售行为，按简易方法计税，即按销售额和规定征收率计算应纳税额，不得抵扣进项税额。其计算公式为

$$应纳税额 = 销售额 × 征收率$$

公式中销售额与一般纳税人计算应纳增值税的销售额规定内容一致，均为发生应税销售行为向购买方收取的全部价款和价外费用。

（二）含税销售额的换算

简易计税方法的销售额不包括其应纳税额，纳税人采用销售额和应纳税额合并定价方法的，按照下列公式换算销售额

$$不含税销售额 = 含税销售额 ÷ （1+ 征收率）$$

（三）应纳税额的计算

【做中学 1-2】 某企业为按月纳税的小规模纳税人，主要从事商业咨询服务。2020 年 2 月发生业务如下。

（1）向一般纳税人企业提供资讯信息服务，取得含税销售额 16.48 万元；

（2）向小规模纳税人提供注册信息服务，取得含税销售额 1.03 万元；

（3）购进办公用品，取得增值税专用发票上注明金额 2 万元、税额 0.26 万元。

已知： 增值税征收率为 3%。

要求： 计算该企业当月应缴纳增值税税额。

解析： 小规模纳税人取得的销售额含增值税的，需换算成不含增值税销售额；购进货物进项税额不可以抵扣。

应缴纳增值税税额 =（16.48+1.03）÷（1+3%）×3%=0.51（万元）。

三、进口货物应纳税额的计算

进口货物应纳税额的计算

（一）应纳税额的计算公式

纳税人进口货物，无论是一般纳税人还是小规模纳税人，均按照组成计税价格和规定的税率计算应纳税额，不得抵扣发生在我国境外的任何税金。组成计税价格的计算公式为

$$组成计税价格 = 关税完税价格 + 关税$$

如果进口货物属于消费税应税消费品，其组成计税价格还要包括进口环节已纳消费税税额。其计算公式为

$$组成计税价格 = 关税完税价格 + 关税 + 消费税$$

$$应纳税额 = 组成计税价格 \times 税率$$

（二）进口货物应纳税额的计算

【做中学1-3】甲外贸公司2023年3月进口货物一批，海关审定的关税完税价格为90万元，货物报关后，该公司按规定缴纳了关税10万元，并取得了海关开具的完税凭证。已知增值税税率为13%，该货物不属于消费税应税消费品。计算甲外贸公司该笔业务进口环节应缴纳的增值税税额。

解析： 纳税人进口货物，按照组成计税价格和规定的税率计算应纳税额。

组成计税价格 =90+10=100（万元）。

进口环节应缴纳增值税税额 =100×13%=13（万元）。

四、增值税的核算处理

增值税的核算

（一）科目设置

一般纳税人企业应在"应交税费"科目下设置"应交税费——应交增值税"和"应交税费——未交增值税"两个明细科目进行增值税的会计核算。其中"应交税费——应交增值税"科目分别设置"进项税额""销项税额""进项税额转出""已交税金""出口退税"等专栏。

小规模纳税人企业应设置"应交税费——应交增值税"科目进行增值税的会计核算。

（二）主要账务处理

（1）一般纳税人企业采购物资等，按可抵扣的增值税税额，借记"应交税费——应交增值税（进项税额），按应计入采购成本的金额，借记"材料采购""在途物资"或"原材料""库存商品"等科目，按应付或实际支付的金额，贷记"应付账款""应付票据""银行存款"等科目。

（2）一般纳税人企业销售货物、劳务或服务时，借记"应收账款""应收票据""银行存款"等科目，贷记"应交税费——应交增值税（销项税额）"，同时贷记"主营业务收入""其他业务收入"科目。

（3）一般纳税人企业交纳增值税时，借记"应交税费——应交增值税（已交税金）"，贷记"银行存款"。

（4）一般纳税人企业月底有未交增值税时，借记"应交税费——应交增值税(转出未交增值税)"，贷记"应交税费——未交增值税"。下月缴纳时,借记"应交税费——未交增值税"，贷记"银行存款"。

（5）小规模纳税人企业采购物资时，发生的增值税应计入材料采购成本，借记"材料采购""在途物资"等科目，贷记"银行存款"等科目；实现销售时，借记"银行存款""应收账款"等科目，贷记"主营业务收入"，同时贷记"应交税费——应交增值税"；交纳增值税时，借记"应交税费——应交增值税"，贷记"银行存款"。

学习子情境三　增值税的智能申报

李华在完成增值税"算税"情境的学习后，已经能根据武汉双木筷子制造有限公司会计资料计算出该公司 3 月份应缴纳的增值税税额并进行会计核算。在王丽丽的指导下，李华开启了增值税"报税"情境的学习。

一、知识准备

（一）纳税义务发生时间

（1）纳税人发生应税销售行为，为收讫销售款项或者取得索取销售款项凭据的当天；先开具发票的，为开具发票的当天。具体规定如下。

增值税的智能
申报之知识准备

① 采取直接收款方式销售货物，不论货物是否发出，均为收到销售款或者取得索取销售款凭据的当天。

② 采取托收承付和委托银行收款方式销售货物，为发出货物并办妥托收手续的当天。

③ 采取赊销和分期收款方式销售货物，为书面合同约定的收款日期的当天；无书面合同的或者书面合同没有约定收款日期的，为货物发出的当天。

④ 采取预收货款方式销售货物，为货物发出的当天。

⑤ 委托其他纳税人代销货物，为收到代销单位的代销清单或者收到全部或者部分货款的当天。未收到代销清单及货款的，为发出代销货物满180天的当天。

⑥ 纳税人提供租赁服务采取预收款方式的，为收到预收款的当天。

⑦ 纳税人从事金融商品转让的，其纳税义务发生时间为金融商品所有权转移的当天。

⑧ 纳税人发生视同销售货物行为的，为货物移送的当天。

⑨ 纳税人发生视同销售劳务、服务、无形资产、不动产情形的，其纳税义务发生时间为劳务、服务、无形资产转让完成的当天或者不动产权属变更的当天。

（2）纳税人进口货物，其纳税义务发生时间为报关进口的当天。

（3）增值税扣缴义务发生时间为增值税纳税义务发生的当天。

（二）纳税期限

增值税的纳税期限分别为1日、3日、5日、10日、15日、1个月或1个季度。纳税人的具体纳税期限，由税务机关根据纳税人应纳税额的大小分别核定。以1个季度为纳税期限的规定适用于小规模纳税人、银行、财务公司、信托投资公司、信用社，以及财政部和国家税务总局规定的其他纳税人。

纳税人以1个月或者1个季度为1个纳税期的，自期满之日起15日内申报纳税；以1日、3日、5日、10日或者15日为1个纳税期的，自期满之日起5日内预缴税款，于次月1日起15日内申报纳税并结清上月应纳税款。

扣缴义务人解缴税款的期限，按照上述规定执行。

纳税人进口货物，应当自海关填发海关进口增值税专用缴款书之日起15日内缴纳税款。

（三）纳税地点

（1）固定业户应当向其机构所在地的税务机关申报纳税。总机构和分支机构不在同一县（市）的，应当分别向各自所在地的税务机关申报纳税；经财政部和国家税务总局或者其授权的财政和税务机关批准，可以由总机构汇总向总机构所在地的税务机关申报纳税。

（2）固定业户到外县（市）销售货物或者应税劳务，应当向其机构所在地的税务机关报告外出经营事项，并向其机构所在地的税务机关申报纳税；未报告的，应当向销售地或者劳务发生地的税务机关申报纳税；未向销售地或者劳务发生地的税务机关申报纳税的，由其机构所在地的税务机关补征税款。

（3）非固定业户应当向应税销售行为发生地税务机关申报纳税；未申报纳税的，由其机构所在地或者居住地税务机关补征税款。

（4）进口货物，应当向报关地海关申报纳税。

（5）其他个人提供建筑服务、销售或者租赁不动产、转让自然资源使用权，应向建筑服务发生地、不动产所在地、自然资源所在地税务机关申报纳税。

（6）扣缴义务人应当向其机构所在地或者居住地税务机关申报缴纳扣缴的税款。

二、智能纳税申报

（一）申报资料

武汉双木筷子制造有限公司（纳税人识别号：914201********381K）为增值税一般纳税人，主要从事木制一次性筷子和竹制筷子生产和销售业务。2023年3月发生如下业务。

（1）采用直接收款方式销售木制一次性筷子100万双，开具增值税专用发票注明金额50万元、税额6.5万元。

（2）采用预收款方式销售竹制筷子8万双，已收到货款16万元，尚未开具发票，合同约定竹制筷子于下月20日发出。

（3）收回委托甲公司加工的木制一次性筷子，支付加工费，取得增值税专用发票注明金额1万元、税额0.13元。

（4）从农户手中购买农户自产的原木，开具农产品收购发票注明金额10万元。该批原木本月全部被生产领用。

（5）购入一间仓库，取得增值税专用发票上注明金额为50万元、税额4.5万元。

（6）当月将上月外购的一批绿植用于新建职工宿舍净化空气，该批绿植已抵扣增值税进项税额650元。

（7）上月留抵增值税税额为1 000元。

已知：该企业当月取得的增值税专用发票均已进行勾选确认；销售货物适用的增值税税率为13%；购进农产品的扣除率为10%。

要求：根据上述资料完成该公司当月增值税的申报。

（二）智能申报

1. 智能申报工作流程

增值税智能申报工作流程如下。

第一步，办税员依据增值税法律法规计算本期应缴纳增值税税额并填制"未交增值税计算表"。

第二步，票据管理员采集和审核"未交增值税计算表"等原始凭证，将凭证进行扫描并上传至财务云共享中心，并对发票进行分类。

第三步，办税员进入金税系统，进行认证及抄税。

第四步，办税员登录增值税发票税控开票软件，完成发票信息上报汇总。

第五步，办税员依法向国家税务总局电子税务局申报增值税，填写增值税及附加税费申报表及附列资料，完成申报并缴纳税款。

第六步，申报完成并成功缴款后，系统会自动将缴款凭证推送至财务云共享中心，票据管理员查看凭证并对凭证进行归类，保存后系统会自动生成缴纳增值税及附加税费的记账凭证。

第七步，财务主管对自动生成的缴纳增值税及附加税费的记账凭证进行审核，审核完毕后系统自动生成"应交税费——应交增值税"明细账。

第八步，办税员远程清卡。

2. 申报表的填制

申报表的填写顺序为先填写附表再填写主表。其中增值税主表"增值税及附加税费申报表"、附表一"本期销售情况明细"、附表二"本期进项税额明细"、附表三"服务、不动产和无形资产扣除项目明细"、附表四"税额抵减情况表"都是必填表，不管有无数据，都要单击相应按钮打开报表填写并保存；减免税申报明细表是选填表，如没有可不填。武汉双木筷子制造有限公司2023年3月未交增值税计算表如表1-1所示，2023年3月增值税及附加税费申报表填列情况如表1-2、表1-3、表1-4、表1-5、表1-6和表1-7所示。

表1-1 未交增值税计算表

编制单位：武汉双木筷子制造有限公司 2023年3月31日 金额单位：元（列至角、分）

项目	销项税额	进项税额	进项税额转出额	上期留抵税额	减免税额	本月未交增值税
栏次	1	2	3	4	5	6=1-2+3-4-5
金额	65 000.00	56 300.00	650.00	1 000.00	0.00	8 350.00

编制：王丽丽 审核：林小雨

表1-2 增值税及附加税费申报表附列资料（一）

（本期销售情况明细）

税款所属时间：2023年03月01日至2023年03月31日

纳税人名称：武汉双木筷子制造有限公司（公章）

金额单位：元（列至角、分）

项目及栏次		开具增值税专用发票		开具其他发票		未开具发票		纳税检查调整		合计		价税合计	服务、不动产和无形资产扣除项目本期实际扣除金额	扣除后	
		销售额	销项（应纳）税额	销售额	销项（应纳）税额	销售额	销项（应纳）税额	销售额	销项（应纳）税额	销售额	销项（应纳）税额	价税合计		含税（免税）销售额	销项（应纳）税额
		1	2	3	4	5	6	7	8	$9=1+3+5+7$	$10=2+4+6+8$	$11=9+10$	12	$13=11-12$	$14=13\div(1+税率或征收率)\times税率或征收率$
一般计税方法计税 全部征税项目	13%税率的货物及加工、修理修配劳务	1	500 000.00	65 000.00							500 000.00	65 000.00				
	13%税率的服务、不动产和无形资产	2				—		—		—		—	—	—	—	—
	9%税率的货物及加工、修理修配劳务	3				—		—		—		—	—	—	—	—
	9%税率的服务、不动产和无形资产	4				—		—		—		—	—	—	—	—
	6%税率	5				—		—		—		—	—	—	—	—
其中：即征即退项目	即征即退货物及加工、修理修配劳务	6	—	—	—	—	—	—	—	—	—	—	—	—	—	—
	即征即退服务、不动产和无形资产	7	—	—	—	—	—	—	—	—	—	—	—	—	—	—

续表

项目及栏次		开具增值税专用发票		开具其他发票		未开具发票		纳税检查调整		合计			服务、不动产和无形资产扣除项目本期实际扣除金额	扣除后	
		销售额	销项(应纳)税额	销售额	销项(应纳)税额	销售额	销项(应纳)税额	销售额	销项(应纳)税额	销售额	销项(应纳)税额	价税合计		含税(免税)销售额	销项(应纳)税额
		1	2	3	4	5	6	7	8	9=1+3+5+7	10=2+4+6+8	11=9+10	12	13=11-12	14=13÷(1%+税率或征收率)×税率或征收率
二、简易计税方法计税 全部征税项目	6%征收率　8					—	—	—	—			—		—	—
	5%征收率的货物及加工、修理修配劳务　9a					—	—	—	—			—		—	—
	5%征收率的服务、不动产和无形资产　9b					—	—	—	—			—		—	—
	4%征收率　10					—	—	—	—			—		—	—
	3%征收率的货物及加工、修理修配劳务　11					—	—	—	—			—		—	—
	3%征收率的服务、不动产和无形资产　12					—	—	—	—			—		—	—
	预征率　___%　13a					—	—	—	—			—		—	—
	预征率　___%　13b					—	—	—	—			—		—	—
	预征率　___%　13c					—	—	—	—			—		—	—

续表

项目及栏次		开具增值税专用发票		开具其他发票		未开具发票		纳税检查调整		合计			服务、不动产和无形资产扣除项目本期实际扣除金额	扣除后	
		销售额	销项（应纳）税额	销售额	销项（应纳）税额	销售额	销项（应纳）税额	销售额	销项（应纳）税额	销售额	销项（应纳）税额	价税合计		含税（免税）销售额	销项（应纳）税额
		1	2	3	4	5	6	7	8	9=1+3+5+7	10=2+4+6+8	11=9+10	12	13=11-12	14=13÷（1%+征收率或税率）×税率或征收率
二、简易计税方法计税 其中即征即退项目		14	—	—	—	—	—	—	—	—	—	—	—	—	—
即征即退货物及加工、修理修配劳务		15	—	—	—	—	—	—	—	—	—	—	—	—	—
即征即退服务、不动产和无形资产			—	—	—	—	—	—	—	—	—	—	—	—	—
三、免抵退税 货物及加工、修理修配劳务		16	—	—	—	—	—	—	—	—	—	—	—	—	—
服务、不动产和无形资产		17	—	—	—	—	—	—	—	—	—	—	—	—	—
四、免税 货物及加工、修理修配劳务		18	—	—	—	—	—	—	—	—	—	—	—	—	—
服务、不动产和无形资产		19	—	—	—	—	—	—	—	—	—	—	—	—	—

表1-3　增值税及附加税费申报表附列资料（二）

（本期进项税额明细）

税款所属时间：2023 年 03 月 01 日至 2023 年 03 月 31 日
纳税人名称：武汉双木筷子制造有限公司（公章）　　　金额单位：元（列至角、分）

一、申报抵扣的进项税额				
项目	栏次	份数	金额	税额
（一）认证相符的增值税专用发票	1=2+3	2	510 000.00	46 300.00
其中：本期认证相符且本期申报抵扣	2	2	510 000.00	46 300.00
前期认证相符且本期申报抵扣	3			
（二）其他扣税凭证	4=5+6+7+8a+8b	1	100 000.00	10 000.00
其中：海关进口增值税专用缴款书	5			
农产品收购发票或者销售发票	6	1	100 000.00	9 000.00
代扣代缴税收缴款凭证	7	—		
加计扣除农产品进项税额	8a	—		1 000.00
其他	8b			
（三）本期用于购建不动产的扣税凭证	9	1	500 000.00	45 000.00
（四）本期用于抵扣的旅客运输服务扣税凭证	10	—	—	
（五）外贸企业进项税额抵扣证明	11			
当期申报抵扣进项税额合计	12=1+4+11		610 000.00	56 300.00
二、进项税额转出额				
项目	栏次		税额	
本期进项税额转出额	13=14 至 23 之和		650.00	
其中：免税项目用	14			
集体福利、个人消费	15		650.00	
非正常损失	16			
简易计税方法征税项目用	17			
免抵退税办法不得抵扣的进项税额	18			
纳税检查调减进项税额	19			
红字专用发票信息表注明的进项税额	20			
上期留抵税额抵减欠税	21			
上期留抵税额退税	22			
其他应做进项税额转出的情形	23			

续表

三、待抵扣进项税额				
项目	栏次	份数	金额	税额
（一）认证相符的增值税专用发票	24	—	—	—
期初已认证相符但未申报抵扣	25			
本期认证相符且本期未申报抵扣	26			
期末已认证相符但未申报抵扣	27			
其中：按照税法规定不允许抵扣	28			
（二）其他扣税凭证	29=30至33之和			
其中：海关进口增值税专用缴款书	30			
农产品收购发票或者销售发票	31			
代扣代缴税收缴款凭证	32		—	
其他	33			
	34			
四、其他				
项目	栏次	份数	金额	税额
本期认证相符的增值税专用发票	35			
代扣代缴税额	36	—	—	

表1-4 增值税及附加税费申报表附列资料（三）

（服务、不动产和无形资产扣除项目明细）

税款所属时间：2023 年 03 月 01 日至 2023 年 03 月 31 日

纳税人名称：武汉双木筷子制造有限公司（公章）　　　　　金额单位：元（列至角、分）

项目及栏次	本期服务、不动产和无形资产价税合计额（免税销售额）	应税服务扣除项目				
		期初余额	本期发生额	本期应扣除金额	本期实际扣除金额	期末余额
	1	2	3	4=2+3	5（5≤1且5≤4）	6=4-5
13% 税率的项目						
9% 税率的项目						
6% 税率的项目（不含金融商品转让）						
6% 税率的金融商品转让项目						
5% 征收率的项目						

续表

项目及栏次	本期服务、不动产和无形资产价税合计额（免税销售额）	应税服务扣除项目				
		期初余额	本期发生额	本期应扣除金额	本期实际扣除金额	期末余额
	1	2	3	4=2+3	5（5≤1且5≤4）	6=4-5
3% 征收率的项目						
免抵退税的项目						
免税的项目						

表1-5　增值税及附加税费申报表附列资料（四）

（税额抵减情况表）

税款所属时间：2023年03月01日至2023年03月31日
纳税人名称：武汉双木筷子制造有限公司（公章）　　　　金额单位：元（列至角、分）

序号	一、税额抵减情况					
	抵减项目	期初余额	本期发生额	本期应抵减税额	本期实际抵减税额	期末余额
		1	2	3=1+2	4≤3	5=3-4
1	增值税税控系统专用设备费及技术维护费					
2	分支机构预征缴纳税款					
3	建筑服务预征缴纳税款					
4	销售不动产预征缴纳税款					
5	出租不动产预征缴纳税款					

序号	二、加计抵减情况						
	加计抵减项目	期初余额	本期发生额	本期调减额	本期可抵减额	本期实际抵减额	期末余额
		1	2	3	4=1+2-3	5	6=4-5
6	一般项目加计抵减额计算						
7	即征即退项目加计抵减额计算						
8	合计						

表 1-6 增值税减免税申报明细表

税款所属时间：2023 年 03 月 01 日至 2023 年 03 月 31 日
纳税人名称：武汉双木筷子制造有限公司（公章）　　　　　金额单位:元（列至角、分）

一、减税项目						
减税性质代码及名称	栏次	期初余额	本期发生额	本期应抵减税额	本期实际抵减税额	期末余额
		1	2	3=1+2	4≤3	5=3-4
合计	1					
	2					
	3					
	4					
	5					
	6					

二、免税项目						
免税性质代码及名称	栏次	免征增值税项目销售额	免税销售额扣除项目本期实际扣除金额	扣除后免税销售额	免税销售额对应的进项税额	免税额
		1	2	3=1-2	4	5
合计	7					
出口免税	8		—	—	—	—
其中：跨境服务	9		—	—	—	—
	10					
	11					
	12					
	13					
	14					
	15					
	16					

表 1-7　增值税及附加税费申报表

（适用于增值税一般纳税人）

税款所属期：2023 年 03 月 01 日至 2023 年 03 月 31 日
纳税人识别号（统一社会信用代码）：914201********381K
纳税人名称：武汉双木筷子制造有限公司　　　　　金额单位：元（列至角、分）

	项目	栏次	一般项目		即征即退项目	
			本月数	本年累计	本月数	本年累计
销售额	（一）按适用税率计税销售额	1	500 000.00			
	其中：应税货物销售额	2	500 000.00			
	应税劳务销售额	3				
	纳税检查调整的销售额	4				
	（二）按简易办法计税销售额	5				
	其中：纳税检查调整的销售额	6				
	（三）免、抵、退办法出口销售额	7			—	—
	（四）免税销售额	8				
	其中：免税货物销售额	9			—	—
	免税劳务销售额	10			—	—
税款计算	销项税额	11	65 000.00			
	进项税额	12	56 300.00			
	上期留抵税额	13	1 000.00	—		
	进项税额转出	14	650.00			
	免、抵、退货物应退税额	15				
	按适用税率计算的纳税检查应补缴税额	16				
	应抵扣税额合计	17=12+13-14-15+16	56 650.00	—		
	实际抵扣税额	18（如 17＜11，则为 17，否则为 11）	56 650.00			
	应纳税额	19=11-18	8 350.00			
	期末留抵税额	20=17-18		—		—
	简易计税办法计算的应纳税额	21				
	按简易计税办法计算的纳税检查应补缴税额	22			—	—
	应纳税额减征额	23				
	应纳税额合计	24=19+21-23	8 350.00			

续表

项目		栏次	一般项目		即征即退项目	
			本月数	本年累计	本月数	本年累计
税款缴纳	期初未缴税额（多缴为负数）	25				
	实收出口开具专用缴款书退税额	26			—	—
	本期已缴税额	27=28+29+30+31				
	① 分次预缴税额	28		—		—
	② 出口开具专用缴款书预缴税额	29				—
	③ 本期缴纳上期应纳税额	30				
	④ 本期缴纳欠缴税额	31				
	期末未缴税额（多缴为负数）	32=24+25+26-27	8 350.00			
	其中：欠缴税额（≥0）	33=25+26-27		—		—
	本期应补（退）税额	34=24-28-29	8 350.00		—	—
	即征即退实际退税额	35	—	—		
	期初未缴查补税额	36			—	—
	本期入库查补税额	37			—	—
	期末未缴查补税额	38=16+22+36-37			—	
附加税费	城市维护建设税本期应补（退）税额	39	584.50		—	—
	教育费附加本期应补（退）税额	40	250.50		—	—
	地方教育附加本期应补（退）税额	41	167.00		—	—

声明：此表是根据国家税收法律法规及相关规定填写的，本人（单位）对填报内容（及附带资料）的真实性、可靠性、完整性负责。

纳税人（签章）：　　年　月　日

经办人： 经办人身份证号： 代理机构签章： 代理机构统一社会信用代码：	受理人： 受理税务机关（章）： 受理日期：　　年　　月　　日

知识结构图

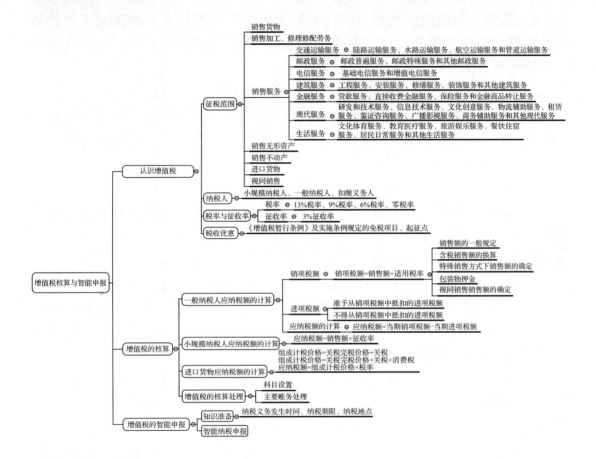

课后练习

（一）单项选择题

1. 根据增值税法律制度的规定，下列情形中，免征增值税的是（　　）。

   A. 银行销售金银
   B. 房地产开发公司销售商品房
   C. 货物期货交易
   D. 农业生产者销售自产农产品

2. 根据增值税法律制度的规定，一般纳税人发生应税销售行为向购买方收取的下列款项中，不得计入销售额的是（　　）。

   A. 价款
   B. 价外费用
   C. 销项税额
   D. 包装物租金

3. 一般纳税人的下列进项税额中，不得从销项税额中抵扣的是（　　）。

   A. 购进免税农产品计算的进项税额
   B. 购进货物用于集体福利的进项税额

  C. 购进货物用于分配股东的进项税额

  D. 购进生产用原材料的进项税额

4. 某商业零售企业为按月纳税的增值税小规模纳税人，2020 年 2 月销售商品取得含增值税销售额 123 600 元。已知增值税征收率为 3%。该企业当月应缴纳的增值税税额为（ ）元。

  A. 1 200 B. 3 281.42 C. 3 600 D. 3 708

5. 某商店 2023 年 4 月采取还本方式销售自行车，自行车不含税价格为 500 元 / 辆，本月销售 400 辆，3 年后还本 90%。该商店当月此项业务的销售额为（ ）万元。

  A. 20 B. 18 C. 12 D. 2

6. 某商店为增值税一般纳税人，2023 年 4 月采取以旧换新方式销售电视机 10 台，新电视机含增值税售价为 45 200 元，扣除旧电视机的收购价后实际收取含增值税销售额 41 810 元。该商店当月此项业务销售额为（ ）元。

  A. 45 200 B. 41 810 C. 40 000 D. 37 000

7. 某服装厂 2023 年 4 月将自产服装作为福利发给本厂职工，该批服装的生产成本 10 万元，当月同类产品的平均售价 12 万元。该服装厂当月该笔业务计征增值税的销售额为（ ）万元。

  A. 10 B. 10.9 C. 11 D. 12

8. 甲公司为增值税一般纳税人，2023 年 4 月将一批新研制的产品赠送给老顾客，该产品无同类产品市场售价。已知该批产品生产成本为 10 万元，成本利润率为 10%，增值税税率为 13%。甲公司当月该笔业务增值税销项税额为（ ）元。

  A. 13 000 B. 16 500 C. 14 300 D. 18 888

9. 甲企业为增值税一般纳税人，2023 年 4 月以折扣销售方式销售一批货物。新货物不含增值税售价为 120 000 元，给予购货方 5% 的价格优惠，销售额与折扣额在同一张发票上分别注明。已知增值税税率为 13%。甲企业当月该笔业务的增值税销项税额为（ ）元。

  A. 14 820 B. 15 600 C. 13 805.31 D. 13 115.04

10. 某广告公司为增值税一般纳税人，2023 年 4 月取得广告设计含增值税销售额 424 万元，奖励费 4.24 万元；支付设备租赁费取得增值税专用发票注明税额 16 万元。已知广告设计服务增值税税率为 6%。该广告公司当月应缴纳增值税税额为（ ）万元。

  A. 9.69 B. 8 C. 8.25 D. 8.24

11. 根据增值税法律制度的规定，纳税人采取赊销方式销售货物的，其增值税纳税义务发生时间为（　　　）。

    A. 销售方发出货物的当天　　　　B. 购买方收到货物的当天

    C. 合同约定收款日期的当天　　　D. 取得有关凭证的当天

（二）多项选择题

1. 根据增值税法律制度的规定，下列各项中，应按"销售货物"缴纳增值税的有（　　　）。

    A. 销售电力　　　B. 销售热力　　　C. 销售天然气　　D. 销售房地产

2. 一般纳税人销售货物向购买方收取的下列款项中，应计入销售额计征增值税的有（　　　）。

    A. 违约金　　　B. 销项税额　　　C. 基金　　　　D. 包装物租金

3. 根据增值税法律制度的规定，单位或者个体工商户发生的下列行为中，应视同销售货物缴纳增值税的有（　　　）。

    A. 将自产货物用于职工福利　　　B. 将外购货物无偿赠送给客户

    C. 将外购货物用于个人消费　　　D. 将自产货物分配给股东

4. 根据增值税法律制度的规定，下列项目中，免征增值税的有（　　　）。

    A. 生产用进口仪器　　　　　　　B. 个人销售自己使用过的电视机

    C. 古旧图书　　　　　　　　　　D. 国际组织无偿援助的进口物资

5. 一般纳税人销售或进口的下列货物中，适用增值税 9% 税率的有（　　　）。

    A. 图书、报纸　　　　　　　　　B. 粮食、食用植物油

    C. 农机配件　　　　　　　　　　D. 金属矿采选产品

6. 一般纳税人发生的下列情形中，其进项税额不得从销项税额中抵扣的有（　　　）。

    A. 向小规模纳税人购买农业产品

    B. 购进货物未按规定取得并保存增值税扣税凭证

    C. 非正常损失的产成品所耗用的购进货物

    D. 用于集体福利的购进货物或应税劳务

7. 根据增值税法律制度的规定，一般纳税人购进的下列服务中，其进项税额不得抵扣的有（　　　）。

    A. 贷款服务　　　B. 餐饮服务　　　C. 住宿服务　　　D. 娱乐服务

8. 根据增值税法律制度的规定，下列关于增值税纳税义务发生时间的表述中，正确的有（　　　）。

    A. 采取赊销方式销售货物的，为货物发出的当天

B. 采取预收货款方式销售货物的，为货物发出的当天

C. 采取托收承付方式销售货物的，为发出货物并办妥托收手续的当天

D. 采取直接收款方式销售货物的，为收到销售款或取得索取销售款凭证的当天

（三）判断题

1. 纳税人采取折扣方式销售货物，将折扣额另开发票的，可按折扣后的销售额征收增值税。　　　　　　　　　　　　　　　　　　　（　　）

2. 增值税一般纳税人将自产货物无偿赠送他人，不征收增值税。（　　）

3. 增值税起征点的规定适用于所有单位和个人。　　　　　　（　　）

4. 增值税小规模纳税人不得抵扣进项税额。　　　　　　　　（　　）

5. 国际组织无偿援助的进口物资免征增值税。　　　　　　　（　　）

6. 金银首饰以旧换新销售业务的增值税计税依据为新首饰的同期不含税销售价格计算的销售额。　　　　　　　　　　　　　　　　　　　（　　）

7. 采取还本销售方式销售货物，销售额为货物的销售价格减除还本支出后的余额。　　　　　　　　　　　　　　　　　　　　　　　　　（　　）

8. 纳税人代销货物，其纳税义务发生时间为收到代销单位销售的代销清单的当天。　　　　　　　　　　　　　　　　　　　　　　　　　（　　）

9. 纳税人将自产货物无偿赠送他人不需要缴纳增值税。　　　（　　）

10. 非固定业户应当向居住地税务机关申报缴纳增值税。　　　（　　）

（四）实训题

实训目的：增值税一般纳税人应纳税额的计算与申报。

实训资料：甲企业为增值税一般纳税人，2023 年 3 月发生如下经济业务。

（1）购进 A 材料，取得增值税专用发票注明金额 100 万元、税额 13 万元；支付运输费用，取得增值税普通发票注明金额 2 万元、税额 0.18 万元。

（2）从农业生产者手中购买农产品，开具农产品收购发票注明金额 20 万元。该农产品在本月因管理不善被盗 30%。

（3）销售 B 产品，取得含增值税销售额 227.13 万元。

（4）将研制的新产品（不属于应税消费品）作为福利发放给职工。该新产品生产成本 10 万元，成本利润率 10%，市场上无同类产品售价。

已知：甲企业取得的增值税专用发票均符合抵扣规定；销售货物适用的增值税税率为 13%；购进农产品的扣除率为 9%。

实训要求：计算甲企业本月应缴纳增值税税额并完成纳税申报。

（五）素质案例分析题

【案例资料】

增值税的概念最早是由美国耶鲁大学托马斯·亚当斯在 1917 年提出的，时称"营业毛利税"。1921 年德国企业家西蒙斯在《改进的增值税》中正式提出增值税的名称并完整阐释其税制原理，但当时并未引起当地政府的关注。直到 1954 年，法国政府率先采用增值税并取得成功，增值税才正式登上历史舞台，并在很短的时间内就以其独有的魅力和优势风靡全球。

我国自 1979 年开始试行增值税，并且进行了多次重要改革，现行的增值税制度是以 1993 年 12 月 13 日国务院颁布的《中华人民共和国增值税暂行条例》为基础的。2008 年 11 月 5 日，国务院修订并重新公布了《中华人民共和国增值税暂行条例》，自 2009 年 1 月 1 日起施行消费型增值税。自 2012 年 1 月 1 日起，在上海市交通运输业和部分现代服务业开展营业税改征增值税试点；直到 2016 年 5 月 1 日，营业税正式退出历史舞台，增值税转型成功。2016 年，全面推开营改增后，开始了以降税率为主的深化增值税改革；2017 年，取消了 13% 档的税率，将四档税率变为 17%、11% 和 6% 三档；2018 年，再次将税率下调为 16%、10% 和 6% 三档；2019 年，进一步将税率下调为 13%、9% 和 6% 三档。

【案例解读与思考】

税收是我国财政收入的主要来源，而增值税则是税收收入中的主要贡献者，增值税收入在全部税收收入总额中占比接近 40%。现在增值税已经成为我国最主要的税种之一。

近几年，不但增值税整体税率大幅下降，税率结构也有所优化，变得更加合理。降低增值税税率，减少了企业税费成本，减轻了企业税费负担，增加了企业税后利润。为企业更好地生存发展提供了较好的税收政策支撑，助力了降成本的供给侧结构性改革。降低增值税税率带来的减税红利，既会在生产制造端降低产制企业的税收成本，增加其利润，也会在居民消费端减少居民的价格支付，起到拉动消费的积极作用。在拉动经济增长的投资、消费、出口三大需求中，我国正面临出口转向内需、投资转向消费的战略转型，所以通过减税扩大消费内需具有深远意义。

思考：会计人员爱岗敬业、客观公正地核算增值税的重要意义。

学习情境二

消费税核算与智能申报

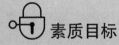 素质目标

    1   培养学生爱岗敬业、诚实守信的职业道德

    2   培养学生遵纪守法、诚信纳税的意识

    3   培养学生团队协助、团队互助的意识

    4   培养学生树立正确的消费观

 知识目标

    1   掌握消费税的构成要素

    2   掌握消费税的计税方法

 能力目标

    1   会计算消费税应纳税额并进行会计核算

    2   能完成消费税纳税申报事宜

第 2 个学习情境是消费税核算与智能申报。李华分"识税""算税""报税" 3 个子情境展开学习。首先要学习的是消费税到底对什么征？对谁征？征多少？即学习消费税的征税范围、纳税人和税率等基本要素。

学习子情境一　认识消费税

一、消费税的征税范围

消费税是在对我国境内从事生产、委托加工和进口《中华人民共和国消费税暂行条例》（以下简称《消费税暂行条例》）规定的消费品的单位和个人，就其销售额或销售数量，在特定环节征收的一种税。征收消费税的应税消费品包括烟，酒，高档化妆品，贵重首饰及珠宝玉石，鞭炮、焰火，成品油，摩托车，小汽车，高尔夫球及球具，高档手表，游艇，木制一次性筷子，实木地板，电池，涂料。消费税的征收范围包括下列内容。

消费税的征税范围

1. 生产应税消费品

纳税人生产的应税消费品，于纳税人销售时纳税。

纳税人自产自用的应税消费品，用于连续生产应税消费品的，不纳税；用于其他方面的，于移送使用时纳税。

2. 委托加工应税消费品

委托加工的应税消费品，是指由委托方提供原料和主要材料，受托方只收取加工费和代垫部分辅助材料加工的应税消费品。

委托加工的应税消费品，除受托方为个人外，由受托方在向委托方交货时代收代缴消费税。委托个人加工的应税消费品，由委托方收回后缴纳消费税。

3. 进口应税消费品

单位和个人进口应税消费品，于报关进口时缴纳消费税，并由海关代征。

4. 零售应税消费品

（1）商业零售金银首饰等。金银首饰、钻石及钻石饰品、铂金首饰消费税改为零售环节征税。

（2）零售超豪华小汽车。自 2016 年 12 月 1 日起，对超豪华小汽车，在生产（进口）环节按现行税率征收消费税的基础上，在零售环节加征消费税。

5. 批发销售卷烟、电子烟

自 2015 年 5 月 10 日起，将卷烟批发环节从价税税率由 5% 提高至 11%，并按 0.005 元 / 支加征从量税。

自 2022 年 11 月 1 日起，对从事生产、批发电子烟业务的单位和个人征收消费税。

> 👤 **试一试**
>
> 根据消费税法律制度的规定，下列情形中，属于消费税征税范围的有（　　）。
>
> A. 金店零售金银首饰　　　　B. 商场零售高档化妆品
>
> C. 4S 店零售超豪华小汽车　　D. 超市零售电子烟

👤 二、消费税的税目

根据《消费税暂行条例》的规定，消费税税目共 15 个，具体内容如下。

消费税的税目

1. 烟

凡是以烟叶为原料加工生产的产品，不论使用何种辅料，均属于本税目的征收范围。本税目包括卷烟、雪茄烟、烟丝、电子烟 4 个子目。

2. 酒

本税目包括白酒、黄酒、啤酒、其他酒 4 个子目。

对饮食业、商业、娱乐业举办啤酒屋（啤酒坊）利用啤酒生产设备生产的啤酒，应当征收消费税。对以黄酒为酒基生产的配制或泡制酒，按其他酒征收消费税。调味料酒不征消费税。

3. 高档化妆品

本税目征收范围包括各类高档美容、修饰类化妆品，高档护肤类化妆品和成套化妆品。

4. 贵重首饰及珠宝玉石

本税目的征税范围包括各种金银珠宝首饰和经采掘、打磨、加工的各种珠宝玉石。

5. 鞭炮、焰火

本税目征收范围包括各种鞭炮、焰火，具体包括喷花类、旋转类、旋转升空类、火箭类、吐珠类、线香类、小礼花类、烟雾类、造型玩具类、炮竹类、摩擦炮类、组合烟花类、礼花弹类等。

体育上用的发令纸、鞭炮药引线，不按本税目征收。

6. 成品油

本税目包括汽油、柴油、石脑油、溶剂油、润滑油、燃料油、航空煤油 7 个子目。

7. 摩托车

本税目征税范围包括气缸容量为 250 毫升的摩托车和气缸容量在 250 毫升（不含）以上的摩托车两种。

8. 小汽车

本税目包括乘用车、中轻型商用客车和超豪华小汽车 3 个子目。

电动汽车、沙滩车、雪地车、卡丁车、高尔夫车、企业购进货车或厢式货车改装生产的商务车、卫星通信车不属于消费税征收范围，不征收消费税。

9. 高尔夫球及球具

本税目的征税范围包括高尔夫球、高尔夫球杆及高尔夫球包（袋）、高尔夫球的杆头、杆身和握把。

10. 高档手表

高档手表是指销售价格（不含增值税）每块在 1 万元（含 1 万元）以上的各类手表。本税目征收范围包括符合以上标准的各类手表。

11. 游艇

本税目征收范围包括艇身长度大于 8 米（含）小于 90 米（含），内置发动机，可以在水上移动，一般为私人或团体购置，主要用于水上运动和休闲娱乐等非牟利活动的各类机动艇。

12. 木制一次性筷子

本税目征收范围包括各种规格的木制一次性筷子和未经打磨、倒角的木制一次性筷子。

13. 实木地板

本税目征收范围包括各类规格的实木地板、实木指接地板、实木复合地板及用于装饰墙壁、天棚的侧端面为榫、槽的实木装饰板以及未经涂饰的素板。

14. 电池

电池是一种将化学能、光能等直接转换为电能的装置。范围包括：原电池、蓄电池、燃料电池、太阳能电池和其他电池。对无汞原电池、金属氢化物镍蓄电池（又称"氢镍蓄电池"或"镍氢蓄电池"）、锂原电池、锂离子蓄电池、太阳能电池、燃料电池和全钒液流电池免征消费税。

15. 涂料

涂料是指涂于物体表面能形成具有保护、装饰或特殊性能的固态涂膜的一类液体或固体材料的总称。对施工状态下挥发性有机物（Volatile Organic Compounds，VOC）含量低于 420 克 / 升（含）的涂料免征消费税。

三、消费税的纳税人

在中华人民共和国境内生产、委托加工和进口应税消费品的单位和个人，以及国务院确定的销售《消费税暂行条例》规定的消费品的其他单位和个人，为消费税的纳税人。具体包括以下纳税人。

消费税的纳税人

（1）生产销售除金银首饰、钻石及钻石饰品、铂金首饰以外的应税消费品的单位和个人。

（2）零售金银首饰、钻石及钻石饰品、铂金首饰的单位和个人。

（3）委托加工应税消费品的单位和个人。

（4）进口除金银首饰、钻石及钻石饰品、铂金首饰以外应税消费品的单位和个人。

（5）批发卷烟、电子烟的单位和个人。

（6）零售超豪华小汽车的单位和个人。

> **试一试**
>
> 下列单位中，属于消费税纳税人的有（　　　　）。
>
> A. 销售自产啤酒的啤酒厂　　　　B. 委托加工烟丝的卷烟厂
>
> C. 进口钻石的首饰加工厂　　　　D. 受托加工木制一次性筷子的筷子厂

四、消费税的税率

现行消费税税目、税率如表 2-1 所示。

消费税的税率

表 2-1　消费税税目、税率表

税目	税率
一、烟	
1. 卷烟	
（1）甲类卷烟 [生产（进口）环节]	56% 加 30 元 / 万支
（2）乙类卷烟 [生产（进口）环节]	36% 加 30 元 / 万支
（3）商业批发环节	11% 加 50 元 / 万支
2. 雪茄烟	36%
3. 烟丝	30%
4. 电子烟	
（1）生产（进口）环节	36%
（2）商业批发环节	11%
二、酒	
1. 白酒	20% 加 0.5 元 /500 克（或 500 毫升）
2. 黄酒	240 元 / 吨
3. 啤酒	
（1）甲类啤酒	250 元 / 吨
（2）乙类啤酒	220 元 / 吨
4. 其他酒	10%
三、高档化妆品	15%
四、贵重首饰及珠宝玉石	
1. 金银首饰、铂金首饰和钻石及钻石饰品	5%
2. 其他贵重首饰和珠宝玉石	10%
五、鞭炮、焰火	15%
六、成品油	
1. 汽油	1.52 元 / 升
2. 柴油	1.20 元 / 升
3. 航空煤油	1.20 元 / 升
4. 石脑油	1.52 元 / 升
5. 溶剂油	1.52 元 / 升
6. 润滑油	1.52 元 / 升
7. 燃料油	1.20 元 / 升
七、摩托车	
1. 气缸容量（排气量，下同）在 250 毫升的	3%
2. 气缸容量在 250 毫升以上的	10%
八、小汽车	
1. 乘用车	
（1）气缸容量（排气量）在 1.0 升（含 1.0 升）以下的	1%

续表

税目	税率
（2）气缸容量在1.0升以上至1.5升（含1.5升）的	3%
（3）气缸容量在1.5升以上至2.0升（含2.0升）的	5%
（4）气缸容量在2.0升以上至2.5升（含2.5升）的	9%
（5）气缸容量在2.5升以上至3.0升（含3.0升）的	12%
（6）气缸容量在3.0升以上至4.0升（含4.0升）的	25%
（7）气缸容量在4.0升以上的	40%
2. 中轻型商用客车	5%
3. 超豪华小汽车（零售环节）	10%
九、高尔夫球及球具	10%
十、高档手表	20%
十一、游艇	10%
十二、木制一次性筷子	5%
十三、实木地板	5%
十四、电池	4%
十五、涂料	4%

学习子情境二　消费税的核算

　　李华在掌握了消费税基本要素的基础上，进入了消费税"算税"情境的学习。消费税有3种计征方法，那么在生产销售、自产自用、委托加工、进口4个不同的环节如何计算消费税？消费税如何进行会计核算？围绕这些问题，李华开启了对消费税应纳税额计算和会计核算的学习。

　　按照消费税法律制度的规定，消费税应纳税额的计算主要分为从价定率计征、从量定额计征和从价定率与从量定额复合计征3种方法，又分生产销售、自产自用、委托加工、进口应税消费品等不同情形的计算。

一、生产销售应纳消费税的计算

（一）从价定率计算

实行从价定率计征消费税的，其计算公式为

$$应纳税额＝销售额 × 比例税率$$

生产销售应纳
消费税的计算

1. 销售额的一般规定

销售额为纳税人销售应税消费品向购买方收取的全部价款和价外费用，但不包括向购货方收取的增值税税款。

2. 含税销售额的换算

如果纳税人应税消费品的销售额中未扣除增值税税款或者因不得开具增值税专用发票而采取价税合计形式收取货款的，在计算消费税税额时，应将销售额换算成不含增值税的销售额后再进行计算，其换算公式为

应税消费品的销售额＝含增值税的销售额÷（1+增值税税率或征收率）

3. 销售额的特殊规定

（1）对包装物的处理规定。应税消费品连同包装物销售的，无论包装物是否单独计价，也无论在会计上如何核算，均应并入应税消费品的销售额中缴纳消费税。

如果包装物不作价随同产品销售，而是收取押金，此项押金则不应并入应税消费品的销售额中征税。但对因逾期未收回的包装物不再退还的和已收取的时间超过12个月的押金，应并入应税消费品的销售额，按照应税消费品的适用税率征收消费税。

对酒类生产企业销售酒类产品而收取的包装物押金，无论押金是否返还及会计上如何核算，均应并入酒类产品销售额中，依酒类产品的适用税率征收消费税。

试一试

葡萄酒生产企业在销售自产葡萄酒时向购买方收取的下列款项中，应并入销售额计征消费税的有（　　　）。

A. 价款　　　　B. 销项税额　　　C. 包装物押金　　D. 包装费

（2）纳税人通过自设非独立核算门市部销售的自产应税消费品，应当按照门市部对外销售额或者销售数量征收消费税。

（3）纳税人用于换取生产资料和消费资料、投资入股和抵偿债务等方面的应税消费品，应当以纳税人同类应税消费品的最高销售价格作为计税依据计算消费税。

（4）纳税人采用以旧换新（含翻新改制）方式销售金银首饰，应按实际收取的不含增值税的全部价款确定计税依据征收消费税。

（5）纳税人兼营不同税率的应税消费品，应当分别核算不同税率应税消费品的销售额、销售数量。未分别核算销售额、销售数量，或者将不同税率的应税消费品组成成套消费品销售的，从高适用税率。

【做中学2-1】雅琦化妆品生产企业为增值税一般纳税人，2023年3月向某大型商场销售自产高档化妆品一批，开具增值税专用发票注明金额50万元、税额6.5万元；向某单位销售自产高档化妆品一批，开具增值税普通发票，取得含增值税销售额4.52万元。已知高档化妆品消费税税率为15%。计算雅琦化妆品生产企业当月上述业务应缴纳的消费税税额。

解析：高档化妆品的销售额=50+4.52÷（1+13%）=54（万元）。

应缴纳消费税税额=54×15%=8.1（万元）。

【做中学2-2】某摩托车生产企业为增值税一般纳税人，2023年3月将其自产的某型号的摩托车500辆，以每辆出厂价9 000元（不含增值税）销售给自设非独立核算的门市部；门市部又以每辆11 300元（含增值税）零售给消费者。已知摩托车消费税税率为10%。计算该摩托车生产企业当月该笔业务应缴纳的消费税税额。

解析：纳税人通过自设非独立核算门市部销售的自产应税消费品，应当按照门市部对外销售额或者销售数量征收消费税。

销售额=11 300÷（1+13%）×500=5 000 000（元）。

应缴纳消费税税额=5 000 000×10%=500 000（元）。

（二）从量定额计算

实行从量定额方法计征消费税的，其计算公式为

$$应纳税额＝销售数量×定额税率$$

销售数量是指纳税人生产、加工和进口应税消费品的数量，具体规定如下。

（1）销售应税消费品的，为应税消费品的销售数量。

（2）自产自用应税消费品的，为应税消费品的移送使用数量。

（3）委托加工应税消费品的，为纳税人收回的应税消费品数量。

（4）进口应税消费品的，为海关核定的应税消费品进口征税数量。

【做中学2-3】绿兰莎啤酒厂2023年3月销售自产啤酒900吨，每吨不含增值税出厂价格3 300元。计算绿兰莎啤酒厂当月应缴纳的消费税税额。

解析：每吨啤酒出厂价在3 000元以上的，适用消费税税率为250元/吨。

应缴纳消费税税额=销售数量×定额税率=900×250=225 000（元）。

（三）从价定率与从量定额复合计算

现行消费税的征税范围中，只有白酒、卷烟实行从价定率与从量定额复合方法计征消费税，其计算公式为

$$应纳税额 = 销售额 \times 比例税率 + 销售数量 \times 定额税率$$

【做中学 2-4】 玉泉酒厂为增值税一般纳税人，2023 年 3 月销售自产粮食白酒 4 吨，取得不含增值税销售额 30 万元，同时收取包装物押金 0.226 万元。已知白酒消费税定额税率为 0.5 元/斤，比例税率为 20%，1 吨 =2 000 斤。计算玉泉酒厂当月该笔业务应缴纳的消费税税额。

解析： 酒类产品收取的包装物押金，无论包装物是否单独计价，也无论在会计上如何核算，均应并入应税消费品的销售额中征收消费税。

应税消费品的销售额 =30+0.226÷（1+13%）=30.2（万元）。

应缴纳消费税税额 =30.2×20%+4×2 000×0.5÷10 000=6.04+0.4=6.44（万元）。

二、自产自用应纳消费税的计算

纳税人自产自用的应税消费品，用于连续生产应税消费品的，不纳税；用于其他方面的，于移送使用时，按照纳税人的同类应税消费品的销售价格计算纳税；没有同类消费品销售价格的，按照组成计税价格计算纳税。

自产自用应纳消费税的计算

实行从价定率办法计征消费税的，其计算公式为

$$组成计税价格 = （成本 + 利润）÷（1- 比例税率）$$

$$应纳税额 = 组成计税价格 \times 比例税率$$

实行复合计税办法计征消费税的，其计算公式为

$$组成计税价格 = （成本 + 利润 + 自产自用数量 \times 定额税率）÷（1- 比例税率）$$

$$应纳税额 = 组成计税价格 \times 比例税率 + 自产自用数量 \times 定额税率$$

应税消费品全国平均成本利润率由国家税务总局确定。具体标准如表 2-2 所示。

表 2-2　平均成本利润率

货物名称	成本利润率 /%	货物名称	成本利润率 /%
1. 甲类卷烟	10	6. 粮食白酒	10
2. 乙类卷烟	5	7. 薯类白酒	5
3. 雪茄烟	5	8. 其他酒	5
4. 烟丝	5	9. 化妆品	5
5. 电子烟	10	10. 鞭炮、焰火	5

货物名称	成本利润率 /%	货物名称	成本利润率 /%
11. 实木地板	5	17. 高尔夫球及球具	10
12. 木制一次性筷子	5	18. 高档手表	20
13. 贵重首饰及珠宝玉石	6	19. 游艇	10
14. 摩托车	6	20. 电池	4
15. 中轻型商用客车	5	21. 涂料	7
16. 乘用车	8		

【做中学 2-5】雅琦化妆品生产企业为增值税一般纳税人，2023 年 3 月特制一批高档化妆品作为妇女节福利发放给女职工，该高档化妆品无同类产品市场售价，生产成本 20 000 元。已知消费税税率为 15%，成本利润率为 5%。计算雅琦化妆品生产企业当月该笔业务应缴纳的消费税税额。

解析：将自产高档化妆品用于集体福利，应视同销售缴纳消费税；无同类产品市场销售价格，应按组成计税价格计税。

组成计税价格 =（20 000+20 000×5%）÷（1-15%）= 24 705.88（元）。

应缴纳消费税税额 =24 705.88×15%=3 705.88（元）。

【做中学 2-6】甲啤酒厂为增值税一般纳税人，2023 年 3 月将自产啤酒 20 吨用于厂庆活动，该啤酒生产成本 1 000 元 / 吨，成本利润率 5%，无同类产品市场售价。已知啤酒定额税率为 220 元 / 吨，增值税税率为 13%。计算甲啤酒厂当月该笔业务应缴纳的增值税税额和消费税税额。

解析：啤酒属于从量定额方法计税的应税消费品；无同类产品市场售价，增值税应按组成计税价格计税，因消费税是价内税，组成计税价格中应含消费税税额。

应缴纳消费税税额 =20×220=4 400（元）。

应缴纳增值税税额 =［20×1 000×（1+5%）+4 400］×13%=3 302（元）。

【做中学 2-7】玉泉酒厂为增值税一般纳税人，2023 年 3 月将自产的粮食白酒 1 000 斤用于招待，该白酒生产成本 12 元 / 吨，成本利润率 10%，无同类产品市场售价。已知白酒消费税定额税率为 0.5 元 / 斤，比例税率为 20%，1 吨 =2 000 斤。计算玉泉酒厂当月该笔业务应缴纳的消费税税额。

解析：白酒属于复合计税的应税消费品；自产白酒用于招待，应作视同销售处理；无同类产品售价，应按组成计税价格计税。

从量征收消费税税额 =1 000×0.5=500（元）。

从价征收消费税税额 =［ 1 000×12×（1+10%）+500］÷（1-20%）×20%= 3 425（元）。

应缴纳消费税税额 =3 425+500=3 925（元）。

三、委托加工应纳消费税的计算

委托加工的应税消费品，按照受托方的同类消费品的销售价格计税,没有同类消费品销售价格的,按照组成计税价格计税。

委托加工应纳
消费税的计算

实行从价定率办法计征消费税的，其计算公式为

组成计税价格 =（ 材料成本 + 加工费 ）÷（1- 比例税率 ）

应纳税额 = 组成计税价格 × 比例税率

实行复合计税办法计征消费税的，其计算公式为

组成计税价格 =（ 材料成本 + 加工费 + 委托加工数量 × 定额税率 ）÷
（1- 比例税率 ）

应纳税额 = 组成计税价格 × 比例税率 + 委托加工数量 × 定额税率

记一记

加工费是受托方加工应税消费品向委托方收取的全部费用，包括代垫的辅助材料的实际成本，不包括增值税税款。

【做中学 2-8】雅琦化妆品厂 2023 年 3 月受托为某单位加工一批高档化妆品，委托单位提供原材料成本 24 万元，收取委托单位不含增值税的加工费 1.5 万元，雅琦化妆品厂无同类产品市场售价。已知高档化妆品消费税税率为 15%。计算雅琦化妆品厂该笔业务应代收代缴的消费税税额。

解析：组成计税价格 =（24+1.5）÷（1-15%）=30（万元）。

应代收代缴消费税税额 =30×15%=4.5（万元）。

【做中学 2-9】甲企业委托玉泉酒厂加工 2 000 斤白酒，委托加工合同注明甲企业提供原材料成本 50 000 元，不含增值税加工费 5 000 元。玉泉酒厂同类白酒的销售价格为 30 元 / 斤。已知白酒消费税定额税率为 0.5 元 / 斤，比例税率为 20%。计算玉泉酒厂该笔业务应代收代缴的消费税税额。

解析：白酒属于复合计税的应税消费品；委托加工完毕后，甲企业去提货时，玉泉酒厂应代收代缴消费税；因为玉泉酒厂有同类白酒售价，从价征收消费税不使用组成计税价格计税。

从量征收消费税税额 =2 000×0.5=1 000（元）。

从价征收消费税税额 =2 000×30×20%=12 000（元）。

应代收代缴消费税税额 =1 000+12 000=13 000（元）。

四、进口环节应纳消费税的计算

纳税人进口应税消费品，按照组成计税价格和规定的税率计算应纳消费税税额。

（1）实行从价定率办法计征消费税的，其计算公式为

组成计税价格 =（关税完税价格 + 关税）÷（1- 消费税比例税率）

应纳税额 = 组成计税价格 × 消费税比例税率

关税完税价格是指海关核定的关税完税价格。

（2）实行复合计税办法计征消费税的，其计算公式为

组成计税价格 =（关税完税价格 + 关税 + 进口数量 × 定额税率）÷

（1- 消费税比例税率）

应纳税额 = 组成计税价格 × 消费税比例税率 + 进口数量 × 定额税率

进口环节应纳
消费税的计算

【做中学 2-10】甲外贸公司 2023 年 3 月从法国进口一批高档化妆品，海关核定的该批高档化妆品关税完税价格为 80 万元，按规定缴纳关税 5 万元。已知消费税税率为 15%，增值税税率为 13%。计算甲外贸公司该笔业务进口环节应缴纳的消费税税额和增值税税额。

解析： 组成计税价格 =（80+5）÷（1-15%）=100（万元）。

应缴纳消费税税额 =100×15%=15（万元）。

应缴纳增值税税额 =100×13%=13（万元）。

五、已纳消费税的扣除*

为避免重复征税，现行消费税法规规定，将外购应税消费品和委托加工收回的应税消费品继续生产应税消费品销售的，可以将外购应税消费品和委托加工收回的应税消费品已缴纳的消费税给予扣除。

已纳消费税的扣除

（一）外购应税消费品已纳税款的扣除

由于某些应税消费品是用外购已缴纳消费税的应税消费品连续生产出来的，在对这些连续生产出来的应税消费品计算征税时，税法规定应按当期生产领用数量计算准予扣除外购的应税消费品已纳的消费税税款。

上述当期准予扣除外购应税消费品已纳消费税税款的计算公式为

当期准予扣除的外购应税消费品买价＝期初库存的外购应税消费品的买价＋
当期购进的应税消费品的买价－期末
库存的外购应税消费品的买价

当期准予扣除的外购应税消费品已纳税款＝当期准予扣除的外购应税消费品买价×
外购应税消费品适用税率

📝 记一记

扣除范围包括以下9种情形。

① 外购已税烟丝生产的卷烟。

② 外购已税高档化妆品原料生产的高档化妆品。

③ 外购已税珠宝、玉石原料生产的贵重首饰及珠宝、玉石。

④ 外购已税鞭炮、焰火原料生产的鞭炮、焰火。

⑤ 外购已税杆头、杆身和握把为原料生产的高尔夫球杆。

⑥ 外购已税木制一次性筷子原料生产的木制一次性筷子。

⑦ 外购已税实木地板原料生产的实木地板。

⑧ 外购已税石脑油、润滑油、燃料油为原料生产的成品油。

⑨ 外购已税汽油、柴油为原料生产的汽油、柴油。

【做中学 2-11】雅琦化妆品厂用外购已税香水精生产高档化妆品。2022年12月初库存外购已税香水精的买价为 10 万元，当月又外购已税香水精的买价为 40 万元（不含增值税），月末库存外购已税香水精的买价为 20 万元，其余被当月生产高档化妆品领用。已知消费税税率为 15%。计算当月准予扣除的外购香水精已纳消费税税款。

解析： 当月准予扣除的外购香水精买价 =10+40-20=30（万元）。

当月准予扣除的外购香水精已纳消费税税款 =30×15%=4.5（万元）。

（二）委托加工收回的应税消费品已纳税款的扣除

委托加工的应税消费品因为已由受托方代收代缴消费税，因此，委托方收回货物后用于连续生产应税消费品的，其已纳税款准予按照规定从连续生产的应税消费品应纳消费税税额中抵扣。扣除范围和计算公式参考上述"外购应税消费品已纳税款的扣除"。

六、消费税的核算处理

（一）科目设置

消费税的核算

企业应在"应交税费"科目下设置"应交消费税"明细科目进行消费税的会计核算。

（二）主要账务处理

（1）企业将自产应税消费品直接对外销售时，借记"税金及附加"，贷记"应交税费——应交消费税"。

（2）企业将自产应税消费品用于在建工程、非生产机构等其他方面时，借记"在建工程"等科目，贷记"应交税费——应交消费税"。

（3）企业缴纳当月应交消费税时，借记"应交税费——应交消费税"，贷记"银行存款"。

学习子情境三　消费税的智能申报

　　李华在完成消费税"算税"情境的学习后，已经能根据武汉双木筷子制造有限公司会计资料计算出该公司 3 月份应缴纳的消费税税额并进行会计核算。在王丽丽的指导下，李华开启了消费税"报税"情境的学习。

一、知识准备

（一）纳税义务发生时间

消费税的智能申报
之知识准备

消费税纳税义务发生时间，以货款结算方式或行为发生时间分别确定。

（1）纳税人销售应税消费品，其纳税义务发生时间按不同的销售结算方式分为以下几种。

①采取赊销和分期收款结算方式的，为书面合同约定的收款日期的当天，书面合同没有约定收款日期或者无书面合同的，为发出应税消费品的当天。

②采取预收货款结算方式的，为发出应税消费品的当天。

③采取托收承付和委托银行收款方式的，为发出应税消费品并办妥托收手续的当天。

④ 采取其他结算方式的，为收讫销售款或者取得索取销售款凭据的当天。

（2）纳税人自产自用应税消费品的，为移送使用的当天。

（3）纳税人委托加工应税消费品的，为纳税人提货的当天。

（4）纳税人进口应税消费品的，为报关进口的当天。

（二）纳税期限

消费税的纳税期限分别为 1 日、3 日、5 日、10 日、15 日、1 个月或者 1 个季度。纳税人的具体纳税期限，由税务机关根据纳税人应纳税额的大小分别核定；不能按照固定期限纳税的，可以按次纳税。

纳税人以 1 个月或者 1 个季度为 1 个纳税期的，自期满之日起 15 日内申报纳税；以 1 日、3 日、5 日、10 日或者 15 日为 1 个纳税期的，自期满之日起 5 日内预缴税款，于次月 1 日起 15 日内申报纳税并结清上月应纳税款。

纳税人进口应税消费品，应当自海关填发海关进口消费税专用缴款书之日起 15 日内缴纳税款。

（三）纳税地点

（1）纳税人销售的应税消费品，以及自产自用的应税消费品，除财政部、国家税务总局另有规定外，应当向纳税人机构所在地或者居住地的税务机关申报纳税。

（2）委托加工的应税消费品，除受托方为个人外，由受托方向机构所在地或者居住地的税务机关解缴消费税税款。受托方为个人的，由委托方向机构所在地的税务机关申报纳税。

（3）进口的应税消费品，由进口人或者代理人向报关地海关申报纳税。

二、智能纳税申报

（一）申报资料

武汉双木筷子制造有限公司为增值税一般纳税人（纳税人识别号：914201********381K），主要从事木制一次性筷子和竹制筷子的生产和销售业务。2023 年 3 月有关业务如下。

（1）采用直接收款方式销售木制一次性筷子 100 万双，取得不含增值税销售收入 50 万元。

（2）采用预收款方式销售竹制筷子8万双，已收到货款16万元，尚未开具发票，合同约定竹制筷子于下月20日发出。

（3）当月1日收回委托甲公司（纳税人识别号：914201********247B）加工的木制一次性筷子，甲公司已代收代缴消费税（税收缴款书号码：12**56）。

已知：当月领用委托加工收回的木制一次性筷子品全部用于生产木制一次性筷子。委托加工收回木制一次性筷子库存情况如表2-3所示。

表2-3　委托加工收回木制一次性筷子库存情况表

税收分类编码	项目	数量/双	计税单价/（元/双）	已纳消费税/元
105010802	期初库存情况	60 000	0.5	1 500.00
	本期收回情况	80 000	0.4	1 600.00
	期末库存情况	30 000	0.4	600.00

（4）期初消费税留抵税额300元。

要求：根据上述资料完成该公司当月消费税的申报。

（二）智能申报

1. 智能申报工作流程

消费税的智能申报较增值税的智能申报简单。其申报工作流程如下。

第一步，办税员整理和准备报税资料。

第二步，办税员依法向国家税务总局电子税务局申报消费税，填写消费税及附加税费申报表和附列资料，完成申报并缴纳税款。

第三步，申报完成并成功缴款后，系统会自动将缴款凭证推送至财务云共享中心，票据管理员查看凭证并对凭证进行归类，保存后系统会自动生成缴纳消费税及附加税费的记账凭证。

第四步，财务主管对自动生成的缴纳消费税及附加税费的记账凭证进行审核，审核完毕后系统自动生成"应交税费——应交消费税"明细账。

2. 申报表的填制

申报填表顺序依次为：本期减（免）税额明细表→本期委托加工收回情况报告表→本期准予扣除税额计算表→消费税及附加税费申报表。武汉双木筷子制造有限公司本月申报消费税用到本期委托加工收回情况报告表、本期准予扣除税额计算表和消费税及附加税费申报表。具体填列情况如表2-4、表2-5和表2-6所示。

表2-4　本期委托加工收回情况报告表

金额单位：元（列至角、分）

一、委托加工收回应税消费品代收代缴税款情况

应税消费品名称	商品和服务税收分类编码	委托加工应税收回消费品数量	委托加工收回应税消费品计税价格	适用税率		受托方已代收代缴的税款	受托方（扣缴义务人）名称	受托方（扣缴义务人）识别号	税收缴款书（代扣代收专用）号码	税收缴款书（代扣代收专用）开具日期
				定额税率	比例税率					
1	2	3	4	5	6	7=3×5+4×6	8	9	10	11
木制一次性筷子	105010802		32 000.00		5%	1 600.00	甲公司	914201*****＊＊＊247B	12**56	3月1日

二、委托加工收回应税消费品领用存情况

应税消费品名称	商品和服务税收分类编码	上期库存数量	本期委托加工收回入库数量	本期委托加工收回直接销售数量	本期委托加工收回用于连续生产数量	本期结存数量
1	2	3	4	5	6	7=3+4-5-6
木制一次性筷子	105010802	60 000	80 000	0	110 000	30 000

表 2-5　本期准予扣除税额计算表 金额单位：元（列至角、分）

准予扣除项目			应税消费品名称
			木制一次性筷子
一、本期准予扣除的委托加工应税消费品已纳税款计算	期初库存委托加工应税消费品已纳税款	1	1 500.00
	本期收回委托加工应税消费品已纳税款	2	1 600.00
	期末库存委托加工应税消费品已纳税款	3	600.00
	本期领用不准予扣除委托加工应税消费品已纳税款	4	
	本期准予扣除委托加工应税消费品已纳税款	5=1+2-3-4	2 500.00
二、本期准予扣除的外购应税消费品已纳税款计算	（一）从价计税 期初库存外购应税消费品买价	6	
	本期购进应税消费品买价	7	
	期末库存外购应税消费品买价	8	
	本期领用不准予扣除外购应税消费品买价	9	
	适用税率	10	
	本期准予扣除外购应税消费品已纳税款	11=（6+7-8-9）×10	
	（二）从量计税 期初库存外购应税消费品数量	12	
	本期外购应税消费品数量	13	
	期末库存外购应税消费品数量	14	
	本期领用不准予扣除外购应税消费品数量	15	
	适用税率	16	
	计量单位	17	
	本期准予扣除的外购应税消费品已纳税款	18=（12+13-14-15）×16	
三、本期准予扣除税款合计		19=5+11+18	2 500.00

表 2-6 消费税及附加税费申报表

税款所属期：2023 年 03 月 01 日至 2023 年 03 月 31 日
纳税人识别号（统一社会信用代码）：914201*********381K
纳税人名称：武汉双木筷子制造有限公司   金额单位：元（列至角、分）

项目 应税消费品名称	适用税率		计税单位	本期销售数量	本期销售额	本期应纳税额
	定额税率	比例税率				
	1	2	3	4	5	6=1×4+2×5
木制一次性筷子		5%	双	1 000 000	500 000.00	25 000.00
合计	—	—	—	—	—	25 000.00

	栏次	本期消费税
本期减（免）税额	7	0.00
期初留抵税额	8	300.00
本期准予扣除税额	9	2 500.00
本期应扣除税额	10	2 800.00
本期实际扣除税额	11[10＜（6-7），则为 10，否则为 6-7]	2 800.00
期末留抵税额	12=10-11	0.00
本期预缴税额	13	0.00
本期应补（退）税额	14=6-7-11-13	22 200.00
城市维护建设税本期应补（退）税额	15	1 554.00
教育费附加本期应补（退）费额	16	666.00
地方教育附加本期应补（退）费	17	444.00

声明：此表是根据国家税收法律法规及相关规定填写的，本人（单位）对填报内容（及附带资料）的真实性、可靠性、完整性负责。

纳税人（签章）：   年   月   日

经办人： 经办人身份证号： 代理机构签章： 代理机构统一社会信用代码：	受理人： 受理税务机关（章）： 受理日期： 年 月 日

知识结构图

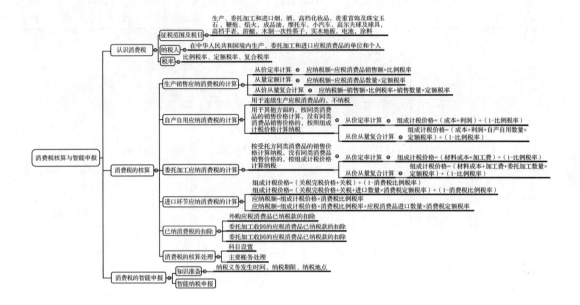

课后练习

（一）单项选择题

1. 根据消费税法律制度的规定，下列各项中，属于消费税应税消费品的是（　　）。

　　A. 调味料酒　　B. 白酒　　　　C. 矿泉水　　　　D. 橄榄油

2. 根据消费税法律制度的规定，下列单位中，属于消费税纳税人的是（　　）。

　　　　A. 进口金银首饰的单位　　　　B. 从事白酒批发的单位

　　　　C. 委托加工烟丝的单位　　　　D. 受托加工高档化妆品的单位

3. 根据消费税法律制度的规定，下列各项中，在确定消费税应税销售额时不得计入销售额的是（　　）。

　　　　A. 价外收取得运输费　　　　B. 价外收取的基金

　　　　C. 销项税额　　　　　　　　D. 价外收取的包装费

4. 企业生产的下列消费品中，不征收消费税的是（　　）。

　　　　A. 地板企业用于装修本企业办公室的自产实木地板

　　　　B. 汽车企业用于本企业管理部门的自产小汽车

C. 化妆品企业作为交易会样品的自产高档化妆品

    D. 卷烟企业用于连续生产卷烟的自产烟丝

5. 根据消费税法律制度的规定，纳税人自产自用应税消费品用于连续生产应税消费品的，下列关于其纳税情况的表述中，正确的是（　　　）。

    A. 视同销售纳税　　　　　　　　B. 于移送使用时纳税

    C. 按组成计税价格纳税　　　　　D. 不纳税

6. 根据消费税法律制度的规定，下列关于纳税人用于投资入股的应税消费品消费税纳税情况的表述中，正确的是（　　　）。

    A. 不征消费税

    B. 按同类应税消费品的平均售价计征消费税

    C. 按市场价格计征消费税

    D. 按同类应税消费品的最高售价计征消费税

7. 某酒厂 2023 年 3 月销售自产粮食白酒 100 吨，取得不含税价款 480 万元，同时收取品牌使用费 20 万元。已知白酒消费税比例税率为 20%，定额税率为 0.5 元 / 斤，增值税税率为 13%。则该酒厂当月应缴纳的消费税税额为（　　　）万元。

    A. 55.42　　　　　B. 96.00　　　　　C. 99.42　　　　　D. 109.54

8. 甲酒厂 2023 年 3 月销售自产粮食白酒 10 吨，取得不含增值税销售额 2.5 万元。已知白酒消费税比例税率为 20%，定额税率为 0.5 元 / 斤。则甲酒厂该笔业务应缴纳的消费税税额为（　　　）万元。

    A. 1.625　　　　　B. 0.24　　　　　C. 0.375　　　　　D. 1.5

9. 甲化妆品厂受托加工一批高档化妆品，委托方提供原材料成本 30 000 元，该厂收取不含增值税的加工费 15 000 元（含代垫辅助材料款 5 000 元），该厂没有同类化妆品销售价格。已知消费税税率为 15%。甲化妆品厂该笔业务应代收代缴的消费税税额为（　　　）元。

    A. 7 142.86　　　　B. 7 941.18　　　　C. 10 142.86　　　　D. 10 250.00

10. 纳税人用委托加工收回的应税消费品连续生产应税消费品，在计算纳税时，下列关于委托加工应税消费品的已纳消费税税款的表述中，正确的是（　　　）。

    A. 该已纳税款不得扣除

    B. 该已纳税款当期可全部扣除

    C. 该已纳税款当期可扣除 50%

    D. 可对收回的委托加工应税消费品当期领用部分的已纳税款予以扣除

11. 根据消费税法律制度的规定，纳税人采取预收货款结算方式销售应税消费品，其纳税义务发生时间为（　　）。

  A. 发出应税消费品的当天 B. 销售合同约定的收款日期的当天

  C. 办妥托收手续的当天 D. 取得销售款凭证的当天

12. 根据消费税法律制度的规定，纳税人进口的应税消费品，自海关填发进口消费税专用缴款书之日起一定期限内缴纳税款。该期限为（　　）。

  A. 15 日 B. 20 日 C. 25 日 D. 30 日

（二）多项选择题

1. 根据消费税法律制度的规定，下列应税消费品中，应采用从量定额方法计征消费税的有（　　）。

  A. 高档化妆品 B. 柴油 C. 啤酒 D. 电池

2. 下列情形中，应以其同类应税消费品的最高销售价格为计税依据计算消费税的有（　　）。

  A. 甲汽车厂以自产小汽车投资入股

  B. 乙烟丝厂以自产烟丝抵偿债务

  C. 丙电池厂以自产电池换取生产资料

  D. 丁涂料厂以自产涂料换取消费资料

3. 根据消费税法律制度的规定，下列各项中，不属于消费税征税范围的有（　　）。

  A. 委托加工的应税消费品（该环节已纳消费税），委托加工收回后直接销售的

  B. 自产的成品油用于本企业的基建工程

  C. 烟酒专卖店销售烟酒

  D. 某飞机制造厂将自制飞机用于援外

4. 根据消费税法律制度的规定，纳税人以自产应税消费品用于下列项目中，需缴纳消费税的有（　　）。

  A. 用作广告和样品展出 B. 馈赠给有关部门试用

  C. 移送另一车间生产应税消费品 D. 供本厂管理部门使用

5. 甲啤酒厂将特制的啤酒 5 吨用于职工福利，该啤酒无同类啤酒销售价格，生产成本为 10 万元。已知消费税税率为 220 元 / 吨，增值税税率为 13%，成本利润率为 5%。下列关于该笔业务纳税情况的表述中，正确的有（　　）。

  A. 应缴纳消费税 220 元 B. 应缴纳消费税 1 100 元

  C. 应缴纳增值税 13 793 元 D. 应缴纳增值税 13 650 元

6. 红酒生产企业销售自产红酒向购买方收取的下列款项中，需计入销售额计征消费税的有（　　）。

    A. 品牌使用费　B. 销项税额　　C. 包装物租金　D. 包装物押金

7. 下列关于确定从量计征销售数量的表述中，正确的有（　　）。

    A. 销售应税消费品的，为应税消费品的销售数量

    B. 自产自用应税消费品的，为应税消费品的移送使用数量

    C. 委托加工应税消费品的，为纳税人收回的应税消费品数量

    D. 进口应税消费品的，为纳税人申报的应税消费品进口征税数量

8. 下列关于消费税纳税义务发生时间的表述中，正确的有（　　）。

    A. 采取赊销结算方式的，为书面合同约定的收款日期的当天

    B. 采取预收货款结算方式的，为收到预收货款的当天

    C. 采取托收承付收款方式的，为发出应税消费品并办妥托收手续的当天

    D. 委托加工应税消费品的，为纳税人提货的当天

（三）判断题

1. 高档化妆品在生产、批发、零售环节均需缴纳消费税。（　　）

2. 金银首饰在零售环节征收消费税。（　　）

3. 将不同税率的应税消费品组成成套消费品销售的，从高适用税率计征消费税。（　　）

4. 纳税人自产自用的应税消费品用于连续生产非应税消费品的，不计征消费税。（　　）

5. 委托加工应税消费品的，受托方为消费税纳税人。（　　）

6. 纳税人进口应税消费品的，于报关进口时申报缴纳消费税。（　　）

（四）实训题

实训目的：学习进口环节、自产自用环节及委托加工环节消费税的计算方法。

实训资料：甲化妆品公司为增值税一般纳税人，主要从事高档化妆品的生产、进口和销售业务。2023 年 5 月，有关生产经营情况如下。

（1）从国外进口一批高档化妆品，海关核定的关税完税价格为 102 万元，公司按规定向海关缴纳了关税、消费税和进口环节增值税，并取得了相关完税凭证。

（2）作为职工福利，向公司职工发放一批新研发的高档化妆品。该批化妆品不含增值税的销售价格为 75 万元。

（3）委托乙公司加工一批高档化妆品，提供的材料成本为80万元，支付乙公司不含增值税加工费5万元，当月收回该批委托加工的高档化妆品，乙公司无同类化妆品销售价格。

已知：高档化妆品适用的消费税税率为15%，增值税税率为13%，关税税率为25%。

实训要求：根据上述资料完成下列任务。

（1）计算该公司当月进口环节应缴纳的消费税税额和增值税税额。

（2）计算该公司当月作为职工福利发放高档化妆品应缴纳的消费税税额和增值税税额。

（3）计算乙公司受托加工高档化妆品应代收代缴的消费税税额。

（五）素质案例分析题

【案例资料】

烟草是传统消费品,世界各国大多对烟草实行高价高税的"寓禁于征"政策。我国自1994年新税制实施后，开始对烟草征收消费税。

烟草消费税从开征以来，经历了7次大调整。

1994年以前，烟草业与其他行业一样统一征收60%的产品税。

1994年实行"分税制"后将产品税改征增值税，并新增了消费税种，1994年各类卷烟按出厂价统一计征40%的消费税。

1998年7月1日，为促使卷烟产品结构合理化，对卷烟消费税税制再次进行改革，调整了卷烟消费税的税率结构，将消费税税率调整为3档，一类烟50%，二、三类烟40%，四、五类烟25%。

2001年6月1日，对卷烟消费税的计税方法和税率进行了调整，实行从量与从价相结合的复合计税方法，即按量每5万支卷烟计征150元的定额税，从价计征从过去的3档调整为2档，即每条调拨价为50元以上的税率为45%，50元以下的税率为30%。

2009年6月，财政部和国家税务总局联合下发了《关于调整烟产品消费税政策的通知》（财税〔2009〕84号），对卷烟产品消费税政策进行了调整。

2015年5月8日，经国务院批准，自2015年5月10日起，卷烟批发环节从价税税率由5%提高到11%，并按0.005元/支加征从量税。

2022年10月25日，根据《财政部 海关总署 税务总局关于对电子烟征收消费税的公告》规定，自2022年11月1日起对电子烟征收消费税。

【案例解读与思考】

每年的5月31日为"世界无烟日"。开展无烟日活动旨在提醒世人吸烟有害健康，呼吁全世界吸烟者主动放弃吸烟，号召所有烟草生产者、销售者和整个国际社会一起行动，投身到反吸烟运动中去，为人类创造一个无烟草的环境。世界卫生组织数据显示，吸烟每年使近 600 万人失去生命，如不采取行动，到 2030 年，这一数字将增加到 800 万，其中 80% 的死亡将发生在低收入和中等收入国家。根据中国疾控中心发布的统计数字，中国有超过 3 亿吸烟者，占全世界吸烟总人口的近三分之一，大约每 30 秒就有一人死于与烟草相关的疾病。如果烟草使用情况不下降，到 2050 年，我国与烟草相关的死亡人数将上涨至每年 300 万人。

2014 年世界无烟日的主题是"提高烟草税"，目的是希望各国政府将烟草税提高到能够减少烟草消费的水平，并呼吁个人和民间组织也应鼓励其政府提高烟草税。提高烟草税也就提高了烟草制品的价格，从而减少吸烟者消费卷烟的数量。此外，增加的税收也可用于医疗服务和保障等方面。我国于 2015 年上调了卷烟批发环节的从价税税率，并加征了从量税，批发价格上调 6%，建议零售价按销售毛利率不低于 10%。此次实现了价税联动的烟草消费税改革，对我国控烟效果产生了积极的影响。

从生产到销售、从理念到行动、从少年到成年人，一个更立体的控烟机制正在被呼唤。只有全社会的力量集结，增加烟草税收的社会意义才能实现。

思考：吸烟有什么危害？谈谈创建无烟环境对构建和谐社会的意义。

学习情境三

城市维护建设税及教育费附加核算与智能申报

🔒 **素质目标**

1 培养学生爱岗敬业、诚实守信的职业道德

2 培养学生遵纪守法、诚信纳税的意识

3 培养学生团队协助、团队互助的意识

4 培养学生一丝不苟的职业情怀

🔒 **知识目标**

1 掌握城市维护建设税和教育费附加的构成要素

2 了解城市维护建设税和教育费附加的税收优惠

🔒 **能力目标**

1 会计算城市维护建设税和教育费附加应纳税额并进行会计核算

2 能完成城市维护建设税和教育费附加纳税申报事宜

第 3 个学习情境是城市维护建设税及教育费附加核算与智能申报。李华分"识税""算税""报税"3 个子情境展开学习。首先要学习的是城市维护建设税及教育费附加到底对什么征？对谁征？征多少？即学习城市维护建设税及教育费附加的征税对象、纳税人和税率等基本要素。

学习子情境一　认识城市维护建设税及教育费附加

一、城市维护建设税

城市维护建设税是指以单位和个人实际缴纳的增值税、消费税的税额为计税依据而征收的一种税，征收该税的主要目的是筹集城镇设施建设和维护资金。

（一）城市维护建设税的征税对象

城市维护建设税属于特定目的税，是国家为加强城市的维护建设，扩大和稳定城市维护建设资金的来源而采取的一项税收措施。城市维护建设税同时具有附加税性质，以纳税人实际缴纳的增值税、消费税税额为计税依据，附加于增值税、消费税税额。城市维护建设税本身并没有特定的、独立的征税对象。

城市维护建设税

（二）城市维护建设税的纳税人

在中华人民共和国境内缴纳增值税、消费税的单位和个人，为城市维护建设税的纳税人。城市维护建设税扣缴义务人为负有增值税、消费税扣缴义务的单位和个人。

（三）城市维护建设税的税率

城市维护建设税实行差别比例税率，按照纳税人所在地区的不同，设置了 3 档比例税率，如表 3-1 所示。

表 3-1　城市维护建设税税率表

纳税人所在地	税率	特别规定
市区	7%	① 由受托方代扣代缴、代收代缴"增值税、消费税"的单位和个人，其代扣代缴、代收代缴的城市维护建设税按受托方所在地适用的税率缴纳。 ② 对流动经营等无固定纳税地点的单位和个人，在经营地按适用的税率缴纳城市维护建设税
县城、镇	5%	
不在市区、县城或者镇	1%	

（四）城市维护建设税的税收优惠

城市维护建设税原则上不单独减免，但因其具有附加税性质，当增值税、消费税发生减免时，城市维护建设税也相应发生减免。具体有以下几种情况。

（1）对进口货物或者境外单位和个人向境内销售劳务、服务、无形资产缴纳增值税、消费税的，不征收城市维护建设税。

（2）对出口货物、劳务和跨境销售服务、无形资产以及因优惠政策退还增值税、消费税的，不退还已缴纳的城市维护建设税。

（3）对增值税、消费税实行先征后返、先征后退、即征即退办法的，除另有规定外，随增值税、消费税附征的城市维护建设税，一律不予退（返）还。

👤 二、教育费附加及地方教育附加

教育费附加、地方教育附加是对缴纳增值税、消费税的单位和个人，以其实际缴纳的增值税、消费税税额为计税依据征收的一种附加费。教育费附加及地方教育附加，是为了加快发展地方教育事业，增加地方教育经费而征收的一项专用基金。

教育费附加及地方教育附加

教育费附加、地方教育附加对缴纳增值税、消费税的单位和个人征收，以其实际缴纳的增值税和消费税税额为计征依据，分别与增值税、消费税同时缴纳。现行教育费附加征收比率为3%，地方教育附加征收比率为2%。

学习子情境二　城市维护建设税及教育费附加的核算

李华在掌握了城市维护建设税及教育费附加基本要素的基础上，进入了城市维护建设税及教育费附加"算税"情境的学习。城市维护建设税及教育费附加的计税依据是什么？应纳税额如何计算？如何进行会计核算？围绕这些问题，李华开启了对城市维护建设税及教育费附加计算和会计核算的学习。

👤 一、应纳税额的计算

城市维护建设税、教育费附加和地方教育附加均以纳税人实际缴纳的增值税、消费税税额为计税依据。应纳税额的计算公式为

城市维护建设税及教育费附加的计算

城市维护建设税应纳税额＝实际缴纳的增值税、消费税税额
× 适用税率

应纳教育费附加＝实际缴纳的增值税、消费税税额 × 征收比率

应纳地方教育附加 = 实际缴纳的增值税、消费税税额 × 征收比率

【做中学 3-1】 甲企业为增值税一般纳税人，2023 年 3 月销售货物缴纳增值税 30 万元、消费税 10 万元，出售房产缴纳增值税 8 万元、土地增值税 3 万元。已知城市维护建设税税率为 7%，教育费附加征收比率为 3%，地方教育附加征收比率为 2%。计算甲企业当月应缴纳的城市维护建设税税额、教育费附加及地方教育附加。

解析： 应缴纳城市维护建设税税额 = （30+10+8）× 7%=3.36（万元）。

应纳教育费附加 = （30+10+8）× 3%=1.44（万元）。

应纳地方教育附加 = （30+10+8）× 2%=0.96（万元）。

二、城市维护建设税及教育费附加的核算处理

（一）科目设置

城市维护建设税及
教育费附加的核算

企业应在"应交税费"科目下设置"应交城市维护建设税""应交教育费附加""应交地方教育附加"明细科目进行城市维护建设税、教育费附加及地方教育附加的会计核算。

（二）主要账务处理

（1）企业在计算出应交城市维护建设税、教育费附加及地方教育附加时，借记"税金及附加"，贷记"应交税费——应交城市维护建设税""应交税费——应交教育费附加""应交税费——应交地方教育附加"。

（2）企业实际上交城市维护建设税、教育费附加及地方教育附加时，借记"应交税费——应交城市维护建设税""应交税费——应交教育费附加""应交税费——应交地方教育附加"，贷记"银行存款"。

学习子情境三　城市维护建设税及教育费附加的智能申报

李华在完成城市维护建设税及教育费附加"算税"情境的学习后，已经能根据武汉双木筷子制造有限公司会计资料计算出该公司 3 月份应缴纳的城市维护建设税、教育费附加、地方教育附加并进行会计核算。在王丽丽的指导下，李华开启了城市维护建设税及教育费附加"报税"情境的学习。

一、知识准备

（一）纳税义务发生时间

城市维护建设税、教育费附加、地方教育附加的纳税义务发生时间均与增值税、消费税的纳税义务发生时间一致，分别与增值税、消费税同时缴纳。

城市维护建设税及教育费附加的智能申报之知识准备

（二）纳税期限

城市维护建设税、教育费附加、地方教育附加均按月或按季计征。不能按固定期限计征的，可以按次计征。实行按月或按季计征的，纳税人应当于月度或季度终了之日起 15 日内申报并缴纳税款。实行按次计征的，纳税人应当于纳税义务发生之日起 15 日内申报并缴纳税款。

扣缴义务人解缴税款的期限，依照上述规定执行。

（三）纳税地点

城市维护建设税、教育费附加、地方教育附加的纳税地点均为缴纳增值税、消费税的地点。扣缴义务人应当向其机构所在地或者居住地的主管税务机关申报缴纳其扣缴的税款。

二、智能纳税申报

（一）申报资料

武汉双木筷子制造有限公司（纳税人识别号：914201********381K）为增值税一般纳税人，主要从事木制一次性筷子和竹制筷子生产和销售业务。2023 年 3 月向税务机关实际缴纳增值税 8 350 元、消费税 22 200 元。

城市维护建设税及教育费附加的智能纳税申报

已知：城市维护建设税税率为 7%，教育费附加征收比率为 3%，地方教育附加征收比率为 2%。

要求：根据上述资料完成该公司当月城市维护建设税及教育费附加、地方教育附加的申报。

（二）申报表的填写

自 2021 年 8 月 1 日起，增值税、消费税分别与城市维护建设税、教育费附加、地方教育附加申报表整合。纳税人填写增值税、消费税相关申报信息后，自动带入附加税费附列资料。武汉双木筷子制造有限公司 2023 年 3 月城市维护建设税及教育费附加的申报表见表 1-7 "增值税及附加税费申报表"和表 2-5 "消费税及附加税费申报表"。

知识结构图

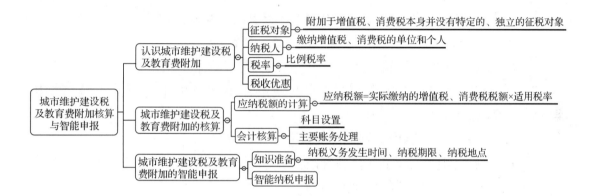

课后练习

（一）单项选择题

1. 甲公司为增值税一般纳税人，2023 年 5 月向税务机关实际缴纳增值税 100 万元、消费税 50 万元、房产税 1 万元、城镇土地使用税 2 万元。已知城市维护建设税税率为 5%。甲公司当月应缴纳城市维护建设税税额为（　　）万元。

　　A. 5　　　　　　B. 7.5　　　　　　C. 7.5　　　　　　D. 7.65

2. 乙公司为增值税一般纳税人，2023 年 5 月向税务机关缴纳增值税 100 万元、消费税 50 万元；向海关缴纳增值税 30 万元、消费税 15 万元。已知教育费附加征收率为 3%。乙公司当月应缴纳教育费附加为（　　）万元。

　　A. 1.95　　　　B. 3.9　　　　　　C. 4.5　　　　　　D. 5.85

3. 根据城市维护建设税法律制度的规定，下列关于城市维护建设税减免规定的表述中，正确的是（　　）。

　　A. 对进口货物缴纳增值税的，征收城市维护建设税

　　B. 对进口货物缴纳消费税的，征收城市维护建设税

C. 出口货物退还增值税的，不退还已缴纳的城市维护建设税

D. 出口货物退还消费税的，退还已缴纳的城市维护建设税

4. 根据城市维护建设税法律制度的规定，下列各项中，属于城市维护建设税计税依据的是（　　　）。

A. 税收滞纳金　　　　　　　B. 补缴的消费税税款

C. 因漏缴增值税而缴纳的罚款　　D. 进口货物缴纳的增值税税款

（二）多项选择题

1. 下列税种中，汽车生产企业销售自产小汽车应缴纳的有（　　　）。

A. 增值税　　　　　　　　　B. 消费税

C. 城市维护建设税　　　　　D. 教育费附加

2. 根据城市维护建设税法律制度的规定，下列各项中，应计入城市维护建设税计税依据的有（　　　）。

A. 偷逃增值税而被查补的税款

B. 偷逃消费税而加收的滞纳金

C. 出口货物免抵的增值税税额

D. 进口应税消费品征收的消费税税额

3. 根据城市维护建设税法律制度的规定，下列各项中，属于城市维护建设税纳税人的有（　　　）。

A. 国有企业　　　　　　　　B. 合伙企业

C. 股份有限公司　　　　　　D. 外商投资企业

4. 根据城市维护建设税法律制度的规定，下列关于城市维护建设税的表述中，正确的有（　　　）。

A. 海关对进口产品代征增值税时，应同时代征城市维护建设税

B. 对增值税实行先征后返的，应同时返还附征的城市维护建设税

C. 对出口产品退还增值税的，不退还已经缴纳的城市维护建设税

D. 纳税人延迟缴纳增值税而加收的滞纳金，不作为城市维护建设税的计税依据

（三）判断题

1. 外商投资企业、外国企业和外籍个人不属于城市维护建设税的纳税人。

（　　　）

2. 由受托方代扣代缴、代收代缴增值税、消费税的单位和个人，其代扣代缴、代收代缴的城市维护建设税按受托方所在地适用的税率缴纳。（　　　）

3. 对进口货物缴纳增值税的，征收城市维护建设税。　　　　　　（　　　）

4. 因纳税人违反有关税法的规定，相关部门对增值税、消费税加收的滞纳金和罚款不作为城市维护建设税的计税依据。　　　　　　　（　　　）

（四）素质案例分析题

【案例资料】

潘序伦被誉为"中国现代会计之父"，是我国著名的会计学家、会计教育家、会计实务专家和会计实业家，"三位一体"立信会计实业的创办者，对我国现代会计事业的启蒙与发展做出了重大贡献，他创立的"立信精神"更是作为一种精神，被国人传承。

1893 年，潘序伦出生在江苏宜兴县蜀山镇，曾祖父和伯父都是清代举人。1919 年，他破格进入上海圣约翰大学，提前毕业，获得文学学士学位。1921 年，潘序伦以上海考区第 4 名的成绩考取了南洋兄弟烟草公司招考的留学生，启程奔赴美国哈佛大学就读。1923 年，获得哈佛大学企业管理硕士学位，翌年，又获得哥伦比亚大学经济博士学位。1924 年秋，潘序伦回到中国，任上海商科大学教务主任兼会计系主任、上海国立暨南学校（现暨南大学）商学院院长和重庆大学兼职教授等职，致力于引进并传授西方先进的会计知识与技术。

1927 年 1 月，潘序伦在上海爱多亚路 39 号创办潘序伦会计师事务所，试图在会计师业务中帮助工商公司改变会计现状，推行新式借贷会计，开启改革中国会计的艰苦创业之路。后来，经过一段时间的实践，潘先生深感开展会计师业务必须要取信于社会，于是取《论语》中"民无信不立"之句，将事务所改名为立信会计师事务所。1928 年，他又将"民无信不立"的立信文化，进行了提炼与升华，提出了"信以立志，信以守身，信以处事，信以待人，毋忘立信，当必有成"的"立信精神"。从此，他将这一"立信精神"贯彻于他所从事的会计事业，赢得了社会的高度信任。1928 年春，"立信"开设会计补习班，同年秋，创办立信会计补习学校，1930 年 8 月，增设立信会计函授学校，1937年立信会计专科学校正式成立。"立信精神"被当成了校训，在立信会计学校及立信学子中广泛传播。

潘序伦将毕生都奉献给了中国的会计事业和会计教育。他曾为资助过自己的南洋兄弟烟草公司设立"思源助学基金"；1937 年自捐 6 万元筹备立信会计专科学校；1980 年为学校复办捐出一生积蓄，设立潘序伦奖学金；将存书与出书版税全部投入会计教育。1985 年 11 月 8 日，潘序伦因病逝世，终年 92 岁。潘序伦一生著述颇丰，他引用王安石的"合天下之众者材理天下之财者法，守天下之法者吏也。吏不良，则有法而莫守；法不善，则有财而莫理"作为会计工作的指导思想，以毕生从事的会计事业和立信会计师事务所的实践，树立了会计行业的诚信和职业道德的典范。

【案例解读与思考】

潘序伦一直致力于会计理论的革新和会计人才的培养，开创了学校、事务所、出版社三位一体的立信会计事业，成为中国现代会计学界的泰斗。他对财政、金融、税务经济管理有很深的研究，在会计学、审计学等方面有很深的造诣，是一位集大成的会计学家。作为会计人员，除了要坚守爱岗敬业、诚实守信、廉洁自律、客观公正、坚持准则、提高技能、参与管理和强化服务的职业道德规范，也应当学习潘序伦先生"信以立志，信以守身，信以处事，信以待人，毋忘立信，当必有成"的"立信精神"。

思考：结合本例谈谈自己的心得体会，说一说从事财经工作的人员要传承哪些精神与文化修养。

学习情境四

企业所得税核算与智能申报

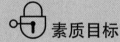 **素质目标**

1 培养学生爱岗敬业、诚实守信的职业道德
2 培养学生遵纪守法、诚信纳税的意识
3 培养学生团队协助、团队互助的意识
4 培养学生的创新素养

知识目标

1 掌握企业所得税的构成要素
2 掌握企业所得税应纳税所得额的计算方法
3 了解企业所得税的税收优惠政策

能力目标

1 会计算企业所得税应纳税额并进行会计核算
2 能完成企业所得税纳税申报事宜

> 第 4 个学习情境是企业所得税核算与智能申报。李华分"识税""算税""报税" 3 个子情境展开学习。首先要学习的是企业所得税到底对谁征？对什么征？征多少？即学习企业所得税的纳税人、征税对象、税率等基本要素。

学习子情境一 认识企业所得税

一、企业所得税的纳税人

在中华人民共和国境内，企业和其他取得收入的组织（以下统称企业）为企业所得税的纳税人。由于个人独资企业和合伙企业属于自然人性质企业，不具有法人资格，股东承担无限责任，因此个人独资企业和合伙企业不属于企业所得税的纳税人。

企业所得税的
纳税人

企业所得税纳税人分为居民企业和非居民企业，分别确定不同的纳税义务。

（一）居民企业

居民企业是指依法在我国境内成立，或者依照外国（地区）法律成立但实际管理机构在我国境内的企业。

（二）非居民企业

非居民企业是指依照外国（地区）法律成立且实际管理机构不在中国境内，但在中国境内设立机构、场所的，或者在中国境内未设立机构、场所，但有来源于中国境内所得的企业。

二、企业所得税的征税对象

企业所得税的征税对象是企业取得的生产经营所得、其他所得和清算所得。

企业所得税的
征税对象

（一）居民企业的征税对象

居民企业应当就其来源于中国境内、境外的所得缴纳企业所得税，但为了避免重复课税，对居民企业在境外已纳的所得税税款可以抵扣。

（二）非居民企业的征税对象

非居民企业在中国境内设立机构、场所的，应当就其所设机构、场所取得的来源于中国境内的所得，以及发生在中国境外但与其所设机构、场所有实际联系的所得，缴纳企业所得税。

非居民企业在中国境内未设立机构、场所的，或者虽设立机构、场所但取得的所得与其所设机构、场所没有实际联系的，应当就其来源于中国境内的所得缴纳企业所得税。

三、企业所得税的税率

企业所得税的税率

企业所得税实行比例税率。

居民企业以及在中国境内设立机构、场所且取得的所得与其所设的机构、场所有实际联系的非居民企业，应当就其来源于中国境内、境外的所得缴纳企业所得税，适用税率为25%。

非居民企业在中国境内未设立机构、场所的，或者虽设立机构、场所但取得的所得与其所设机构、场所没有实际联系的，应当就其来源于中国境内的所得缴纳企业所得税，适用税率为20%。

四、企业所得税的税收优惠

企业所得税的税收优惠

我国企业所得税的税收优惠包括免税收入、所得减免、减低税率、民族自治地方的减免税、加计扣除、抵扣应纳税所得额、加速折旧、减计收入、税额抵免等。

（一）免税收入

企业的免税收入包括以下收入。

（1）国债利息收入。

（2）符合条件的居民企业之间股息、红利等权益性投资收益。

（3）在中国境内设立机构、场所的非居民企业从居民企业取得与该机构、场所有实际联系的股息、红利等权益性投资收益。

（4）符合条件的非营利组织的收入。

（二）所得减免

（1）企业从事下列项目的所得，免征企业所得税。

① 蔬菜、谷物、薯类、油料、豆类、棉花、麻类、糖料、水果、坚果的种植。

② 农作物新品种的选育。

③ 中药材的种植。

④ 林木的培育和种植。

⑤ 牲畜、家禽的饲养。

⑥ 林产品的采集。

⑦ 灌溉、农产品初加工、兽医、农技推广、农机作业和维修等农、林、牧、渔服务业项目。

⑧ 远洋捕捞。

（2）企业从事下列项目的所得，减半征收企业所得税。

① 花卉、茶及其他饮料作物和香料作物的种植。

② 海水养殖、内陆养殖。

（3）从事国家重点扶持的公共基础设施项目投资经营的所得。

企业从事国家重点扶持的公共基础设施项目的投资经营的所得，自项目取得第 1 笔生产经营收入所属纳税年度起，第 1 年至第 3 年免征企业所得税，第 4 年至第 6 年减半征收企业所得税。

（4）从事符合条件的环境保护、节能节水项目的所得。

企业从事符合条件的环境保护、节能节水项目的所得，自项目取得第 1 笔生产经营收入所属纳税年度起，第 1 年至第 3 年免征企业所得税，第 4 年至第 6 年减半征收企业所得税。

（5）符合条件的技术转让所得。

符合条件的技术转让所得免征、减征企业所得税，是指一个纳税年度内，居民企业技术转让所得不超过 500 万元的部分，免征企业所得税；超过 500 万元的部分，减半征收企业所得税。其计算公式为

$$技术转让所得 = 技术转让收入 - 技术转让成本 - 相关税费$$

试一试

甲企业是居民企业，2022 年度转让一项专利技术的所有权，取得符合条件的转让所得 800 万元。甲企业该项技术转让所得应调减所得额为（ ）万元。

A. 800　　　　B. 500　　　　C. 650　　　　D. 400

（6）非居民企业减免税所得。

在中国境内未设立机构、场所的，或者虽设立机构、场所但取得的所得与其所设机构、场所没有实际联系的非居民企业，其取得的来源于中国境内的所得，减按 10% 的税率征收企业所得税。

（三）减低税率

（1）符合条件的小型微利企业，减按 20% 的税率征收企业所得税。

小型微利企业是指从事国家非限制和禁止行业，并同时符合年度应纳税所得额不超过 300 万元、从业人数不超过 300 人、资产总额不超过 5 000 万元 3 个条件的企业。

自 2023 年 1 月 1 日至 2024 年 12 月 31 日，对小型微利企业年应纳税所得额减按 25% 计入应纳税所得额，按 20% 的税率缴纳企业所得税。

（2）国家需要重点扶持的高新技术企业，减按 15% 的税率征收企业所得税。

（四）民族自治地方的减免税

民族自治地方的自治机关对本民族自治地方的企业应缴纳的企业所得税中属于地方分享的部分，可以决定减征或者免征。自治州、自治县决定减征或者免征的，须报省、自治区、直辖市人民政府批准。

对民族自治地方内国家限制和禁止行业的企业，不得减征或者免征企业所得税。

（五）加计扣除

企业的下列支出，可以在计算应纳税所得额时加计扣除。

（1）研究开发费用。

研究开发费用的加计扣除，是指企业为开发新技术、新产品、新工艺发生的研究开发费用，未形成无形资产计入当期损益的，在按照规定据实扣除的基础上，按照研究开发费用的 75% 加计扣除；形成无形资产的，按照无形资产成本的 175% 摊销。

企业开展研发活动中实际发生的研发费用，未形成无形资产计入当期损益的，在按规定据实扣除的基础上，自 2023 年 1 月 1 日起，再按照实际发生额的 100% 在税前加计扣除；形成无形资产的，自 2023 年 1 月 1 日起，按照无形资产成本的 200% 在税前摊销。

（2）安置残疾人员及国家鼓励安置的其他就业人员所支付的工资。

企业安置残疾人员所支付的工资的加计扣除，是指企业安置残疾人员的，在按照支付给残疾职工工资据实扣除的基础上，按照支付给残疾职工工资的 100% 加计扣除。

（六）抵扣应纳税所得额

创业投资企业从事国家需要重点扶持和鼓励的创业投资，可以按投资额的一定比例抵扣应纳税所得额。抵扣应纳税所得额，是指创业投资企业采取股权投资方式投资于未上市的中小高新技术企业2年以上的，可以按照其投资额的70%在股权持有满2年的当年抵扣该创业投资企业的应纳税所得额；当年不足抵扣的，可以在以后纳税年度结转抵扣。

（七）加速折旧

企业的固定资产由于技术进步等原因确需加速折旧的，可以缩短折旧年限或者采取加速折旧的方法。可以采取缩短折旧年限或者采取加速折旧的方法的固定资产，包括以下内容。

（1）由于技术进步，产品更新换代较快的固定资产。

（2）常年处于强震动、高腐蚀状态的固定资产。

采取缩短折旧年限方法的，最低折旧年限不得低于税法规定折旧年限的60%；采取加速折旧方法的，可以采取双倍余额递减法或者年数总和法进行计算。

 记一记

税法规定的固定资产计算折旧的最低年限如下。

①房屋、建筑物，为20年。

②飞机、火车、轮船、机器、机械和其他生产设备，为10年。

③与生产经营活动有关的器具、工具、家具等，为5年。

④飞机、火车、轮船以外的运输工具，为4年。

⑤电子设备，为3年。

企业在2018年1月1日至2023年12月31日期间新购进（包括自行建造）的设备、器具，单位价值不超过500万元的，允许一次性计入当期成本费用在计算应纳税所得额时扣除，不再分年度计算折旧。

（八）减计收入

企业以《资源综合利用企业所得税优惠目录》规定的资源作为主要原材料，生产国家非限制和禁止并符合国家和行业相关标准的产品取得的收入，减按90%计入收入总额。

（九）税额抵免

　　企业购置并实际使用《环境保护专用设备企业所得税优惠目录》《节能节水专用设备企业所得税优惠目录》《安全生产专用设备企业所得税优惠目录》规定的环境保护、节能节水、安全生产等专用设备的，该专用设备的投资额的10%可以从企业当年的应纳税额中抵免；当年不足抵免的，可以在以后5个纳税年度结转抵免。

学习子情境二　企业所得税的核算

　　李华在掌握了企业所得税基本要素的基础上，进入了企业所得税"算税"情境的学习。企业所得税收入总额如何确定？哪些收入是不征税收入？哪些收入是免税收入？哪些支出是税前准予扣除的？扣除标准是什么？哪些支出是税前不得扣除的？亏损如何弥补？如何进行会计核算？围绕这些问题，李华开启了对企业所得税应纳税额的计算和会计核算的学习。

一、企业所得税应纳税所得额的计算

　　企业所得税应纳税所得额为企业每一纳税年度的收入总额，减除不征税收入、免税收入、各项扣除以及允许弥补的以前年度亏损后的余额。其计算公式为

$$应纳税所得额 = 收入总额 - 不征税收入 - 免税收入 - 各项扣除 - 以前年度亏损$$

企业所得税应纳税所得额的计算

（一）收入总额

　　收入总额是企业以货币形式和非货币形式从各种来源取得的收入，具体包括以下收入。

1. 基本收入

　　（1）销售货物收入，是指企业销售商品、产品、原材料、包装物、低值易耗品以及其他存货取得的收入。

　　（2）提供劳务收入，是指企业从事建筑安装、修理修配、交通运输、仓储租赁、金融保险、邮电通信、咨询经纪、文化体育、科学研究、技术服务、教育培训、餐饮住宿、中介代理、卫生保健、社区服务、旅游、娱乐、加工以及其他劳务

服务活动取得的收入。

（3）转让财产收入，是指企业转让固定资产、生物资产、无形资产、股权、债权等财产取得的收入。

（4）股息、红利等权益性投资收益，是指企业因权益性投资从被投资方取得的收入。股息、红利等权益性投资收益，除财政部、国家税务总局另有规定外，按照被投资方做出利润分配决定的日期确认收入的实现。

（5）利息收入，是指企业将资金提供给他人使用但不构成权益性投资，或者因他人占用本企业资金取得的收入，包括存款利息、贷款利息、债券利息、欠款利息等收入。利息收入，按照合同约定的债务人应付利息的日期确认收入的实现。

（6）租金收入，是指企业提供固定资产、包装物或者其他有形资产的使用权取得的收入。租金收入，按照合同约定的承租人应付租金的日期确认收入的实现。

（7）特许权使用费收入，是指企业提供专利权、非专利技术、商标权、著作权以及其他特许权的使用权取得的收入。特许权使用费收入，按照合同约定的特许权使用人应付特许权使用费的日期确认收入的实现。

（8）接受捐赠收入，是指企业接受的来自其他企业、组织或者个人无偿给予的货币性资产、非货币性资产。接受捐赠收入，按照实际收到捐赠资产的日期确认收入的实现。

（9）其他收入，是指企业取得的除《中华人民共和国企业所得税法》具体列举的收入以外的其他收入，包括企业资产溢余收入、逾期未退包装物押金收入、确实无法偿付的应付款项、已作坏账损失处理后又收回的应收款项、债务重组收入、补贴收入、违约金收入、汇兑收益等。

2. 不征税收入

下列收入为不征税收入。

（1）财政拨款。

（2）依法收取并纳入财政管理的行政事业性收费、政府性基金。

（3）国务院规定的其他不征税收入。

（二）税前扣除项目

企业实际发生的与取得收入有关的、合理的支出，包括成本、费用、税金、损失和其他支出，准予在计算应纳税所得额时扣除。

（1）成本。成本是指企业在生产经营活动中发生的销售成本、销货成本、业务支出以及其他耗费。

（2）费用。费用是指企业在生产经营活动中发生的销售费用、管理费用和财务费用，已经计入成本的有关费用除外。

（3）税金。税金是指企业发生的除企业所得税和允许抵扣的增值税以外的各项税金及附加。即纳税人按规定缴纳的消费税、资源税、土地增值税、关税、城市维护建设税、教育费附加及房产税、车船税、城镇土地使用税、印花税等。企业缴纳的增值税属于价外税，不在扣除之列。

（4）损失。损失是指企业在生产经营活动中发生的固定资产和存货的盘亏、毁损、报废损失，转让财产损失，呆账损失，坏账损失，自然灾害等不可抗力因素造成的损失以及其他损失。

（5）其他支出。其他支出是指除成本、费用、税金、损失外，企业在生产经营活动中发生的与生产经营活动有关的、合理的支出。

试一试

根据企业所得税法律制度的规定，在计算应纳税所得额时，企业缴纳的下列税金中，不得扣税的是（　　　）。

A. 增值税　　　　　　　　　B. 消费税

C. 资源税　　　　　　　　　D. 城市维护建设税及教育费附加

（三）税前扣除标准

1. 工资、薪金支出

企业发生的合理的工资、薪金支出，准予扣除。

2. "三项"经费支出

"三项"经费包括职工福利费、工会经费、职工教育经费。企业发生的职工福利费支出，不超过工资薪金总额14%的部分，准予扣除。企业拨缴的工会经费，不超过工资薪金总额2%的部分，准予扣除。除财政部、国家税务总局另有规定外，企业发生的职工教育经费支出，不超过工资薪金总额8%的部分，准予在计算企业所得税应纳税所得额时扣除；超过部分，准予在以后纳税年度结转扣除。

【做中学4-1】甲企业2022年计入成本费用的实发工资总额200万元，发生职工福利费30万元、职工教育经费17万元，拨付工会经费3万元。在计算甲企业 2022 年度企业所得税应纳税所得额时，"三项"经费准予扣除总额是多少？

解析： 职工福利费的扣除限额为 200×14%=28（万元）。

实际发生额 30 万元高于扣除限额，税前准予扣除的职工福利费是 28 万元。

职工教育经费扣除限额为 200×8%=16（万元）。

实际发生额 17 万元高于扣除限额，税前准予扣除的职工教育经费是 16 万元。

工会经费的扣除限额为 200×2%=4（万元）。

实际发生额 3 万元低于扣除限额，税前准予扣除的工会经费是 3 万元。

"三项"经费准予扣除总额为 28+3+16=47（万元）。

3. 社会保险费

（1）企业依照国务院有关主管部门或者省级人民政府规定的范围和标准为职工缴纳的基本养老保险费、基本医疗保险费、失业保险费、工伤保险费、生育保险费等基本社会保险费和住房公积金，准予扣除。

（2）企业为在本企业任职或受雇的全体员工支付的补充养老保险费、补充医疗保险费，分别在不超过职工工资总额 5% 标准内的部分，在计算应纳税所得额时准予扣除；超过的部分，不予扣除。

4. 借款费用

（1）企业在生产经营活动中发生的合理的不需要资本化的借款费用，准予扣除。

（2）企业为购置、建造固定资产、无形资产和经过 12 个月以上的建造才能达到预定可销售状态的存货发生借款的，在有关资产购置、建造期间发生的合理的借款费用，应当作为资本性支出计入有关资产的成本，并依照《中华人民共和国企业所得税法实施条例》的规定扣除。

【做中学 4-2】甲企业 2022 年 4 月 1 日向银行借款 1 200 万元用于建造厂房，借款期限为 1 年，当年向银行支付了 9 个月的借款利息 60 万元。该厂房 2022 年 4 月开工，于 2022 年 9 月 30 日完工结算并投入使用。计算甲企业 2022 年度该项业务税前准予扣除的借款费用为多少？

解析： 固定资产建造时竣工决算投产前的利息不得扣除，竣工决算投产后的利息可计入当期损益。

税前准予扣除的借款费用 =60÷9×3=20（万元）。

5. 利息费用

企业在生产经营活动中发生的下列利息支出，准予扣除。

（1）非金融企业向金融企业借款的利息支出、金融企业的各项存款利息支出和同业拆借利息支出、企业经批准发行债券的利息支出可据实扣除。

（2）非金融企业向非金融企业借款的利息支出，不超过按照金融企业同期同类贷款利率计算的数额的部分可据实扣除，超过部分不许扣除。

【做中学4-3】乙企业于2022年1月1日借入1 000万元资金用于生产经营，借期为一年。其中，400万元是向金融企业借入的，支付利息24万元；600万元是向非金融企业借入的，支付利息48万元。计算乙企业2022年度税前准予扣除的借款利息为多少？

解析： 向金融企业借款的利息支出，准予扣除；向非金融企业借款的利息支出，不超过按照金融企业同期同类贷款利率计算的数额的部分，准予扣除。

金融企业的借款年利率为24÷400×100%=6%。

向非金融企业借款的利息税前准予扣除的限额为600×6%=36（万元）。

税前准予扣除的借款利息合计为24+36=60（万元）。

6. 汇兑损失

企业在货币交易中，以及纳税年度终了时将人民币以外的货币性资产、负债按照期末即期人民币汇率中间价折算为人民币时产生的汇兑损失，除已经计入有关资产成本以及与向所有者进行利润分配相关的部分外，准予扣除。

7. 公益性捐赠

公益性捐赠，是指企业通过公益性社会组织或者县级以上人民政府及其部门，用于符合法律规定的慈善活动、公益事业的捐赠。

企业当年发生以及以前年度结转的公益性捐赠支出，不超过年度利润总额12%的部分，准予扣除；超过年度利润总额12%的部分，准予结转以后3年内在计算应纳税所得额时扣除。

【做中学4-4】甲公司2022年度利润总额300万元，该年度公益性捐赠支出40万元。计算甲公司2022年度税前准予扣除的公益性捐赠支出为多少？

解析： 公益性捐赠支出扣除限额为300×12%=36（万元）。

甲公司2022年度税前准予扣除的公益性捐赠支出为36万元，有4万元不能税前扣除，需要结转到以后年度扣除。

8. 业务招待费

企业发生的与生产经营活动有关的业务招待费支出，按照发生额的60%扣除，但最高不得超过当年销售（营业）收入的5‰。

【做中学4-5】甲公司2022年营业收入6 000万元，发生的与生产经营活动有关的业务招待费支出52万元。计算甲公司2022年度税前准予扣除的业务招待费为多少？

解析：发生额的60%为52×60%=31.2（万元）。

销售（营业）收入的5‰为6 000×5‰=30（万元）。

因为31.2万元＞30万元，所以甲公司税前准予扣除的业务招待费为30万元。

9. 广告费与业务宣传费

企业发生的符合条件的广告费和业务宣传费支出，除财政部、国家税务总局另有规定外，不超过当年销售（营业）收入15%的部分，准予扣除；超过的部分，准予在以后纳税年度结转扣除。

【做中学4-6】甲服装企业2022年销售自产服装实现收入1 000万元，当年企业发生的符合条件的广告费和业务宣传费支出120万元，企业上年度70万元广告费和业务宣传费结转到2022年度扣除。计算甲服装企业2022年度税前准予扣除的广告费和业务宣传费为多少？

解析：广告费和业务宣传费的扣除限额为1 000×15%=150（万元）。

因此2022年度发生的120万元广告费和业务宣传费可以全部扣除，同时，还可以扣除上年结转的70万元广告费和业务宣传费中的30万元，即甲服装企业2022年度税前准予扣除的广告费和业务宣传费为150万元。上年剩余的40万元结转至以后年度扣除。

10. 环境保护专项资金

企业依照法律、行政法规的有关规定提取的用于环境保护、生态恢复等方面的专项资金，准予扣除。上述专项资金提取后改变用途的，不得扣除。

11. 保险费

企业参加财产保险，按照规定缴纳的保险费，准予扣除。

除企业依照国家有关规定为特殊工种职工支付的人身安全保险费和财政部、国家税务总局规定可以扣除的其他商业保险费外，企业为投资者或者职工支付的商业保险费，不得扣除。

企业职工因公出差乘坐交通工具发生的人身意外保险费支出，准予企业在计算应纳税所得额时扣除。

12. 租赁费

企业根据生产经营活动的需要租入固定资产支付的租赁费，按照以下方法扣除。

（1）以经营租赁方式租入固定资产发生的租赁费支出，按照租赁期限均匀扣除。

（2）以融资租赁方式租入固定资产发生的租赁费支出，按照规定构成融资租入固定资产价值的部分应当提取折旧费用，分期扣除。

13. 劳动保护费

企业发生的合理的劳动保护支出，准予扣除。

14. 有关资产的费用

企业转让各类固定资产发生的费用，允许扣除。企业按照规定计算的固定资产折旧费、无形资产和递延资产的摊销费，准予扣除。

15. 总机构分摊的费用

非居民企业在中国境内设立的机构、场所，就其中国境外总机构发生的与该机构、场所生产经营有关的费用，能够提供总机构出具的费用汇集范围、定额、分配依据和方法等证明文件，并合理分摊的，准予扣除。

16. 依照有关法律、行政法规和国家有关税法规定准予扣除的其他项目

如会员费、合理的会议费、差旅费、违约金、诉讼费用等项目，准予扣除。

（四）不得税前扣除项目

在计算应纳税所得额时，下列支出不得从收入总额中扣除。

（1）向投资者支付的股息、红利等权益性投资收益款项。

（2）企业所得税税款。

（3）税收滞纳金。

（4）罚金、罚款和被没收财物的损失。但纳税人逾期归还银行贷款，银行按规定加收的罚息，以及企业间的违约罚款，不属于行政性罚款，允许在税前扣除。

（5）超过规定标准的公益性捐赠支出。

（6）赞助支出，具体是指企业发生的与生产经营活动无关的各种非广告性质支出。

（7）未经核定的准备金支出，具体是指不符合财政部、国家税务总局规定的各项资产减值准备、风险准备等准备金支出。

（8）企业之间支付的管理费、企业内营业机构之间支付的租金和特许权使用费，以及非银行企业内营业机构之间支付的利息。

（9）与取得收入无关的其他支出。

（五）亏损弥补

税法规定，纳税人发生年度亏损的，可以用下一纳税年度的所得弥补；下一纳税年度的所得不足弥补的，可以逐年延续弥补，但是延续弥补期最长不得超过5年。

（六）非居民企业应纳税所得额的规定

在中国境内未设立机构、场所，或者虽设立机构、场所但取得的所得与其所设机构、场所没有实际联系的非居民企业，应就其来源于中国境内的所得按照下列方法计算应纳税所得额。

（1）股息、红利等权益性投资收益和利息、租金、特许权使用费所得，以收入全额为应纳税所得额，不得扣除税法规定之外的税费支出。

（2）转让财产所得，以收入全额减除财产净值后的余额为应纳税所得额。

（3）其他所得，参照前两项规定的方法计算应纳税所得额。

> 💁 试一试
>
> 根据企业所得税法律制度的规定，在我国境内未设立机构、场所的非居民企业从我国境内取得的下列所得中，应以收入全额为应纳税所得额的有（　　）。
>
> A. 红利　　　B. 转让财产所得　　　C. 租金　　　D. 利息

👤 二、企业所得税应纳税额的计算

企业所得税应纳税额的计算公式为

$$应纳税额 = 应纳税所得额 \times 适用税率$$

【做中学4-7】武汉双木筷子制造有限公司为居民企业（纳税人识别号：914201********381K），主要从事一次性筷子和

企业所得税应纳税额的计算

竹制筷子的生产和销售。2022年生产经营情况如下。

（1）取得营业收入2 500万元，发生营业成本1 100万元，税金及附加130万元。

（2）发生销售费用610万元，其中符合条件的广告费和业务宣传费450万元；管理费用410万元，其中与生产经营有关的业务招待费15万元；财务费用60万元。

（3）取得国债利息收入15万元。

（4）取得营业外收入70万元；发生营业外支出50万元，其中含公益性捐赠支出30万元、税收滞纳金5万元。

（5）计入成本、费用中的实发工资总额为150万元，拨付工会经费3万元，发生职工福利费25万元、职工教育经费12.25万元。

已知：2022年度利润总额为225万元，已累计预缴企业所得税68万元，企业所得税税率为25%。

要求：计算武汉双木筷子制造有限公司2022年度应补（退）企业所得税税额。

解析：（1）广告费和业务宣传费扣除限额为2 500×15%=375（万元）。

广告费和业务宣传费纳税调整增加额为450-375=75（万元）。

（2）业务招待费的扣除限额为15×60%=9（万元）。因为2 500×5‰=12.5（万元），9万元<12.5万元，故业务招待费税前准予扣除9万元。

业务招待费纳税调整增加额为15-9=6（万元）。

（3）公益性捐赠支出的扣除限额为225×12%=27（万元）。

公益性捐赠支出纳税调整增加额为30-27=3（万元）。

（4）税收滞纳金不得在税前列支，纳税调整增加额为5万元。

（5）国债利息收入15万元属于免税收入。

（6）工会经费的扣除限额为150×2%=3（万元），实际发生额未超过扣除限额，不需要纳税调整。

职工福利费的扣除限额为150×14%=21（万元），职工福利费纳税调整增加额为25-21=4（万元）。

职工教育经费扣除限额为150×8%=12（万元），职工教育经费纳税调整增加额为12.25-12=0.25（万元）。

"三项经费"纳税调整增加额合计为4+0.25=4.25（万元）。

（7）应纳税所得额为225+75+6+3+5+4.25-15=303.25（万元）。

（8）应纳企业所得税税额为303.25×25%=75.8125（万元）。

（9）应补缴企业所得税税额为 75.8125-68=7.8125（万元）。

三、企业所得税的核算处理

企业所得税的核算

（一）科目设置

对企业所得税的核算，企业除应设置损益类科目"所得税费用"和负债类科目"应交税费——应交所得税"外，还需增加资产类科目"递延所得税资产"和负债类科目"递延所得税负债"。

（二）主要账务处理

（1）企业计提企业所得税时，借记"所得税费用"，贷记"应交税费——应交所得税"。

（2）企业缴纳企业所得税时，借记"应交税费——应交所得税"，贷记"银行存款"。

学习子情境三　企业所得税的智能申报

李华在完成企业所得税"算税"情境的学习后，已经能根据武汉双木筷子制造有限公司会计资料计算出该公司 2022 年度应缴纳的企业所得税税额并进行会计核算。在王丽丽的指导下，李华开启了企业所得税"报税"情境的学习。

一、知识准备

企业所得税的智能
申报之知识准备

（一）征收缴纳的方法

企业所得税实行按纳税年度计算，分月或者分季预缴，年终汇算清缴，多退少补的缴纳办法。

（二）纳税期限

企业所得税的纳税年度，自公历 1 月 1 日起至 12 月 31 日止。

企业应当自月度或者季度终了之日起 15 日内，向税务机关报送预缴企业所得税纳税申报表，预缴税款。

企业应当自年度终了之日起 5 个月内，向税务机关报送企业所得税年度纳税申报表，并汇算清缴，结清应缴应退税款。

企业在年度中间终止经营活动的，应当自实际经营终止之日起 60 日内，向税务机关办理当期企业所得税汇算清缴。

（三）纳税地点

1. 居民企业的纳税地点

除税收法规、行政法规另有规定外，居民企业以企业登记注册地为纳税地点；但登记注册地在境外的，以实际管理机构所在地为纳税地点。

2. 非居民企业的纳税地点

非居民企业在中国境内设立机构、场所的，以机构、场所所在地为纳税地点。非居民企业在中国境内设立两个或者两个以上的机构、场所的，经税务机关审核批准，可以选择由其主要机构、场所汇总缴纳企业所得税。

非居民企业在中国未设立机构、场所的，或者虽然设立机构、场所但取得的所得与其所设机构、场所没有实际联系的，以扣缴义务人所在地为纳税地点。

二、智能纳税申报

（一）申报资料

此处以【做中学 4-7】所述武汉双木筷子制造有限公司 2022 年度生产经营资料为企业所得税申报资料。

要求：完成该公司 2022 年度企业所得税的申报。

企业所得税的智能纳税申报

（二）智能申报

1. 智能申报工作流程

企业所得税智能申报工作流程如下。

第一步，办税员整理和准备报税资料。

第二步，办税员依法向国家税务总局电子税务局申报企业所得税，填写企业所得税年度纳税申报表，完成申报并缴纳税款。

第三步，票据管理员扫描税款缴纳银行回单并上传至财务云共享中心。

第四步，会计核算员按票据制单方式生成补缴企业所得税的记账凭证。

第五步，财务主管对企业所得税年度纳税申报表和记账凭证进行审核，审核完毕后系统自动生成"应交税费——应交企业所得税"明细账。

2. 申报表的填制

申报缴纳年度企业所得税的顺序依次为：基础设置→简化选表→申报表填写→申报表填写逻辑校验→申报表发送→税款缴纳。企业所得税年度纳税申报表分为基础信息表、纳税申报表和明细表。武汉双木筷子制造有限公司2022年度企业所得税年度纳税申报表如表4-1所示，基础信息表和明细表略。

表4-1　中华人民共和国企业所得税年度纳税申报表（A类）（A100000）

纳税人识别号（统一社会信用代码）：914201×××××××381K

行次	类别	项目	金额/元
1	利润总额计算	一、营业收入（填写A101010\101020\103000）	25 000 000.00
2		减：营业成本（填写A102010\102020\103000）	11 000 000.00
3		税金及附加	1 300 000.00
4		销售费用（填写A104000）	6 100 000.00
5		管理费用（填写A104000）	4 100 000.00
6		财务费用（填写A104000）	600 000.00
7		资产减值损失	
8		加：公允价值变动收益	
9		投资收益	150 000.00
10		二、营业利润（1-2-3-4-5-6-7+8+9）	2 050 000.00
11		加：营业外收入（填写A101010\101020\103000）	700 000.00
12		减：营业外支出（填写A102010\102020\103000）	500 000.00
13		三、利润总额（10+11-12）	2 250 000.00
14	应纳税所得额计算	减：境外所得（填写A108010）	
15		加：纳税调整增加额（填写A105000）	932 500.00
16		减：纳税调整减少额（填写A105000）	
17		减：免税、减计收入及加计扣除（填写A107010）	150 000.00
18		加：境外应税所得抵减境内亏损（填写A108000）	
19		四、纳税调整后所得（13-14+15-16-17+18）	3 032 500.00
20		减：所得减免（填写A107020）	
21		减：抵扣应纳税所得额（填写A107030）	
22		减：弥补以前年度亏损（填写A106000）	
23		五、应纳税所得额（19-20-21-22）	3 032 500.00

续表

行次	类别	项目	金额／元
24		税率（25%）	
25		六、应纳所得税额（23×24）	758 125.00
26		减：减免所得税额（填写 A107040）	
27		减：抵免所得税额（填写 A107050）	
28		七、应纳税额（25-26-27）	758 125.00
29		加：境外所得应纳所得税额（填写 A108000）	
30	应纳税额计算	减：境外所得抵免所得税额（填写 A108000）	
31		八、实际应纳所得税额（28+29-30）	758 125.00
32		减：本年累计实际已预缴的所得税额	680 000.00
33		九、本年应补（退）所得税额（31-32）	78 125.00
34		其中：总机构分摊本年应补（退）所得税额（填写 A109000）	
35		财政集中分配本年应补（退）所得税额（填写 A109000）	
36		总机构主体生产经营部门分摊本年应补（退）所得税额（填写 A109000）	

知识结构图

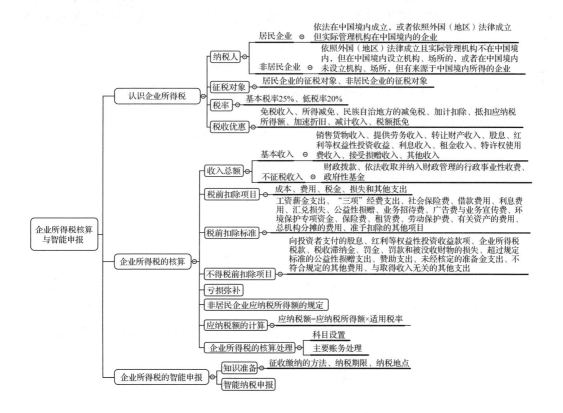

课后练习

（一）单项选择题

1. 根据企业所得税法律制度的规定，下列各项中，不属于企业所得税纳税人的是（　　）。

  A. 外商投资企业　　　　　　　　B. 一人有限责任公司

  C. 个人独资企业　　　　　　　　D. 有经营所得的事业单位

2. 根据企业所得税法律制度的规定，下列项目的所得中，减半征收企业所得税的是（　　）。

  A. 水果的种植　　　　　　　　　B. 花卉的种植

  C. 中药材的种植　　　　　　　　D. 农作物新品种的选育

3. 甲企业为居民企业，2022年取得符合条件的技术转让所得900万元。已知企业所得税税率为25%。甲企业该项所得应缴纳企业所得税税额为（　　）万元。

  A. 50　　　　　B. 100　　　　　C. 112.5　　　　　D. 225

4. 根据企业所得税法律制度的规定，企业安置残疾人员所支付的工资，在按照支付给残疾职工工资据实扣除的基础上，可以按照一定的比例加计扣除。该比例为（　　）。

  A. 50%　　　　　B. 100%　　　　　C. 150%　　　　　D. 200%

5. 根据企业所得税法律制度的规定，企业取得的下列利息收入中，免征企业所得税的是（　　）。

  A. 企业债券利息收入　　　　B. 外单位欠款给付的利息收入

  C. 购买国债的利息收入　　　　D. 银行存款利息收入

6. 在计算企业所得税应纳税所得额时，下列项目中，准予扣除的是（　　）。

  A. 向投资者支付的股息　　　　B. 缴纳的税收滞纳金

  C. 提取的资产减值准备金　　　　D. 合理的劳动保护支出

7. 某居民企业2022年实际支出的工资、薪金总额300万元；职工福利费本期发生60万元；拨缴的工会经费6万元，已经取得工会拨缴收据；实际发生职工教育经费9万元。该企业在计算2022年度应纳税所得额时，"三项"经费应调整的金额为（　　）万元。

  A. 0　　　　　B. 15.5　　　　　C. 18　　　　　D. 71

8. 某企业 2022 年度实现销售收入 2 000 万元，发生与生产经营有关的业务招待费 20 万元。该企业当年准予在税前扣除的业务招待费为（　　）万元。

  A. 10   B. 12   C. 16   D. 20

9. 某家电生产企业 2022 年营业收入 3 000 万元，发生符合条件的广告费和业务宣传费支出 520 万元。则该企业 2022 年度准予税前扣除的广告费和业务宣传费合计为（　　）万元。

  A. 295   B. 465   C. 520   D. 450

10. 某企业 2022 年实现利润总额 200 万元，通过公益性社会团体向卫生事业的捐款 50 万元。在计算该企业 2022 年度应纳税所得额时，准予扣除的捐款额为（　　）万元。

  A. 50   B. 24   C. 15   D. 10

11. 根据企业所得税法律制度的规定，企业的下列支出中，在计算应纳税所得额时准予扣除的是（　　）。

  A. 企业所得税税款   B. 付给税务机关的税收滞纳金

  C. 付给银行的罚息   D. 付给工商行政管理部门的罚款

12. 根据企业所得税法律制度的规定，企业按规定缴纳的下列税金中，在计算应纳税所得额时不得从收入总额中扣除的是（　　）。

  A. 增值税   B. 消费税

  C. 城市维护建设税   D. 土地增值税

13. 根据企业所得税法律制度的规定，企业发生的下列保险费用中，不得在企业所得税税前扣除的是（　　）。

  A. 纳税人按规定上交社保部门的职工养老保险金

  B. 纳税人参加财产保险和运输保险，按规定缴纳的保险费用

  C. 纳税人按国家规定为特殊工种职工支付的人身安全保险费

  D. 纳税人为其投资者向商业保险机构投保的人寿保险的保险费用

14. 某国有企业 2015 年度发生亏损，根据企业所得税法律制度的规定，该亏损额可以用以后纳税年度的所得逐年弥补，但延续弥补的期限最长不得超过（　　）。

  A. 2017 年 B. 2018 年 C. 2019 年 D. 2020 年

15. 根据企业所得税法律制度的规定，下列各项中，属于企业所得税的征收办法的是（　　）。

  A. 按月征收   B. 按季计征，分月预缴

C. 按季征收　　　　　　　　　D. 按年计征，分月或分季预缴

（二）多项选择题

1. 根据企业所得税法律制度的规定，下列各项收入中，属于免税收入的有（　　）。

  A. 特许权使用费收入

  B. 国债利息收入

  C. 居民企业之间股息、红利等权益性投资收益

  D. 接受捐赠收入

2. 根据企业所得税法律制度的规定，下列收入中，属于不征税收入的有（　　）。

  A. 财政拨款

  B. 依法收取并纳入财政管理的行政事业性收费

  C. 债务重组收入

  D. 依法收取并纳入财政管理的政府性基金

3. 根据企业所得税法律制度的规定，企业按规定缴纳的下列税金中，在计算应纳税所得额时准予扣除的有（　　）。

  A. 增值税　　　　　　　　　B. 消费税

  C. 城市维护建设税　　　　　　D. 个人所得税

4. 根据企业所得税法律制度的规定，下列各项中，不得在计算应纳税所得额时扣除的有（　　）。

  A. 企业缴纳的消费税　　　　　B. 企业缴纳的增值税

  C. 以前纳税年度应提未提的折旧　　D. 纳税人支付给总机构的管理费

5. 计算企业所得税应纳税所得额时，下列保险金中，准予在计算应纳税所得额时扣除的有（　　）。

  A. 按规定缴纳的财产保险费　　　B. 按规定缴纳的职工养老保险金

  C. 按规定缴纳的职工医疗保险金　　D. 按规定缴纳的职工失业保险金

6. 在计算广告费和业务宣传费税前准予扣除限额时，计算基数为销售（经营）收入额，下列收入中，可计入销售（经营）收入额的有（　　）。

  A. 主营业务收入　　　　　　　B. 其他业务收入

  C. 股权投资的持有收益　　　　　D. 罚没收入

7. 根据企业所得税法律制度的规定，下列收入中，应计入收入总额计征企业所得税的有（　　）。

  A. 固定资产的盘盈收入　　　　　B. 教育费附加返还款

C. 接受捐赠的现金收入　　　　D. 包装物押金收入

8. 根据企业所得税法律制度的规定，下列各项中，在计算应纳税所得额时不得扣除的有（　　　）。

A. 向投资者支付的红利

B. 企业内部营业机构之间支付的租金

C. 企业内部营业机构之间支付的特许权使用费

D. 未经核定的准备金支出

（三）判断题

1. 个人独资企业和合伙企业是企业所得税的居民纳税人。（　　）

2. 国债利息收入属于不征税收入。（　　）

3. 接受捐赠收入，按照实际收到捐赠资产的日期确认收入的实现。（　　）

4. 依法收取并纳入财政管理的行政事业性收费、政府性基金属于免税收入。（　　）

5. 企业转让各类固定资产发生的费用，在计算应纳税所得额时，允许扣除。（　　）

6. 纳税人发生年度亏损的，可以用下一纳税年度的所得弥补；下一纳税年度的所得不足以弥补的，可以逐年延续弥补，但是延续弥补期不得超过3年。（　　）

7. 在我国境内未设立机构、场所的非居民企业的转让财产所得，以财产转让收入全额为应纳税所得额。（　　）

8. 企业应当自年度终了之日起3个月内，向税务机关报送企业所得税年度纳税申报表，并汇算清缴，结清应缴应退税款。（　　）

（四）实训题

乙居民企业2022年度经营业务如下。

（1）取得产品销售收入5 000万元，发生产品销售成本3 800万元。

（2）材料销售收入800万元，材料销售成本600万元。

（3）取得购买国债的利息收入40万元。

（4）取得直接投资其他居民企业的权益性收益60万元（已在投资方所在地按15%的税率缴纳了所得税）。

（5）发生销售费用500万元；管理费用480万元，其中与生产经营有关的业务招待费25万元；财务费用90万元。

（6）税金及附加300万元。

（7）取得营业外收入 80 万元，发生营业外支出 70 万元（含通过公益性社会团体捐款 50 万元，支付税收滞纳金 10 万元）。

（8）计入成本、费用中的实发工资总额 200 万元，拨缴工会经费 5 万元，发生职工福利费 31 万元，发生职工教育经费 18 万元。

已知：该企业以前年度无亏损，企业所得税税率为 25%。

实训要求：计算该企业 2022 年度应缴纳的企业所得税税额并完成纳税申报。

（五）素质案例分析题

【案例资料】

"十三五"期间，税务部门不断优化纳税信用管理系统，提高数据自动采集率，完善系统归集分析功能，同时加强对企业经营管理和财务人员的税法宣传教育。国家税务总局不断健全完善纳税信用制度体系，相继印发了《纳税信用管理办法》《纳税信用评价指标和评价方式》《关于纳税信用评价有关事项的公告》《关于纳税信用修复有关事项的公告》等一系列纳税信用规范性文件，形成了涵盖信息采集、级别评价、结果应用、异议处理、信用修复等"全环节"的纳税信用制度框架体系，逐步推进纳税信用静态评价向动态管理过渡。从历年纳税信用评价结果看，纳税守信群体逐步扩大，失信群体逐步缩小。

目前，税务部门每年依据采集到的企业日常税收遵从记录，通过诚信意识、遵从能力、实际结果和失信程度 4 个维度、近 100 项评价指标，对企业上一年度纳税信用状况进行评价，评价结果分为 A、B、M、C、D 五级。其中，A 级为年度评价指标得分 90 分及以上的；B 级为得分 70 分及以上、不满 90 分的；M 级为新设立企业、评价年度内无生产经营业务收入且年度评价指标得分 70 分以上的；C 级为得分 40 分及以上、不满 70 分的；D 级为得分不满 40 分的或者直接判级确定。

【案例解读与思考】

为加强纳税信用的社会化应用，税务部门积极参与社会信用体系建设，按要求定期向全国信用信息平台共享 A 级纳税人名单和重大税收违法失信案件信息；率先与 29 个社会信用体系建设部际联席会议成员单位签署了《关于对纳税信用 A 级纳税人实施联合激励措施的合作备忘录》，推出涵盖税收服务、投资、金融、贸易、环保等 18 个领域的 41 项守信联合激励措施；与 34 个部门联合签署了《关于对重大税收违法案件当事人实施联合惩戒措施的合作备忘录》，实施 28 项联合惩戒措施。一系列措施将与社会各界形成合力，扩大社会监督，完善奖惩机制，共同建设诚信社会。

诚信是一种无价的美好品德。"德盛者其群必盛，德衰者其群必衰"。对一个品牌、一家企业来讲，诚信是灵魂，是生命，是企业生存和发展的永恒动力。失去了诚信，企业必将衰亡。各地不断推进纳税信用体系建设落地，守信企业在税收管理、出口退税、融资授信等领域都能享受更多优先和便利，在引导企业诚信经营的同时，也让诚信经营的企业和纳税人有更多获得感。

思考：诚信对企业的生存和发展具有什么意义？

学习情境五

个人所得税核算与智能申报

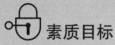 **素质目标**

1 培养学生爱岗敬业、诚实守信的职业道德

2 培养学生遵纪守法、诚信纳税的意识

3 培养学生团队协助、团队互助的意识

4 培养学生一丝不苟的职业情怀

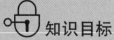 **知识目标**

1 掌握个人所得税的构成要素

2 掌握不同应税所得个人所得税应纳税额的计算方法

3 了解个人所得税的税收优惠

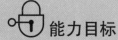 **能力目标**

1 会计算个人所得税应纳税额并进行会计核算

2 能完成个人所得税纳税申报事宜

第 5 个学习情境是个人所得税核算与智能申报。李华分"识税""算税""报税" 3 个子情境展开学习。首先要学习的是个人所得税到底对谁征？对什么征？征多少？即学习个人所得税的纳税人、征税对象、税率等基本要素。

学习子情境一　认识个人所得税

👤 一、个人所得税的纳税人

个人所得税的纳税人包括中国公民、个体工商户、个人独资企业投资者、合伙企业自然合伙人和在中国有所得的外籍人员等。个人所得税纳税人分为居民个人和非居民个人，分别承担不同的纳税义务。

个人所得税的
纳税人

（一）居民个人

居民个人是指在中国境内有住所，或者无住所而一个纳税年度内在中国境内居住满 183 天的个人。居民个人负无限纳税义务，从中国境内和境外取得的所得，依照法律规定缴纳个人所得税。

（二）非居民个人

非居民个人是指在中国境内无住所又不居住，或者无住所而一个纳税年度内在中国境内居住不满 183 天的个人。非居民个人负有限纳税义务，应就其来源于中国境内的所得，向中国缴纳个人所得税。

> 👤 **试一试**
>
> 下列中国境内无住所的外籍人员中，属于 2022 年度居民个人的是（　　　）。
>
> A. 外籍个人甲 2022 年 9 月 1 日入境，2022 年 10 月 1 日离境
>
> B. 外籍个人乙 2022 年来华学习 180 天
>
> C. 外籍个人丙 2022 年 1 月 1 日入境，2022 年 10 月 31 日离境
>
> D. 外籍个人丁 2021 年 12 月 1 日入境，2022 年 6 月 30 日离境

👤 二、个人所得税的征税对象

个人所得税的征税对象是纳税人取得的各项应税所得，包括工资、薪金所得，劳务报酬所得，稿酬所得，特许权使用费所得，经营所得，利息、股息、红利所得，财产租赁所得，财产转让所得，偶然所得，共 9 项。

（一）工资、薪金所得

工资、薪金所得，是指个人因任职或者受雇而取得的工资、薪金、奖金、年终加薪、劳动分红、津贴、补贴以及与任职或受雇有关的其他所得。

下列项目不属于工资、薪金性质的补贴、津贴，不予征收个人所得税。

① 独生子女补贴。

② 执行公务员工资制度，未纳入基本工资总额的补贴、津贴差额和家属成员的副食补贴。

③ 托儿补助费。

④ 差旅费津贴、误餐补助（单位以误餐的名义发放的补助除外）。

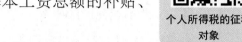

个人所得税的征税
对象

试一试

根据个人所得税法律制度的规定，下列各项中，属于"工资、薪金所得"项目的是（　　）。

A. 年终加薪　　B. 托儿补助费　　C. 独生子女补贴　　D. 差旅费津贴

（二）劳务报酬所得

劳务报酬所得，是指个人从事劳务取得的所得，包括从事设计、装潢、安装、制图、化验、测试、医疗、法律、会计、咨询、讲学、翻译、审稿、书画、雕刻、影视、录音、录像、演出、表演、广告、展览、技术服务、介绍服务、经纪服务、代办服务以及其他劳务取得的所得。

（三）稿酬所得

稿酬所得，是指个人因其作品以图书、报刊形式出版、发行而取得的所得。作品包括文学作品、书画作品、摄影作品及其他作品。作者去世后，财产继承人取得的遗作稿酬，也应按"稿酬所得"征收个人所得税。

（四）特许权使用费所得

特许权使用费所得，是指个人提供专利权、商标权、著作权、非专利技术以及其他特许的使用权取得的所得；提供著作权的使用权取得的所得，不包括稿酬所得。

（五）经营所得

经营所得，是指下列所得。

（1）个体工商户从事生产、经营活动取得的所得，个人独资企业投资人、合伙企业的个人合伙人来源于境内注册的个人独资企业、合伙企业生产、经营的所得。

（2）个人依法从事办学、医疗、咨询以及其他有偿服务活动取得的所得。

（3）个人对企业、事业单位承包经营、承租经营以及转包、转租取得的所得。

（4）个人从事其他生产、经营活动取得的所得。

（六）利息、股息、红利所得

利息、股息、红利所得，是指个人拥有债权、股权而取得的利息、股息、红利所得。

（七）财产租赁所得

财产租赁所得，是指个人出租不动产、机器设备、车船以及其他财产取得的所得。

（八）财产转让所得

财产转让所得，是指个人转让有价证券、股权、合伙企业中的财产份额、不动产、机器设备、车船以及其他财产取得的所得。

（九）偶然所得

偶然所得，是指个人得奖、中奖、中彩以及其他偶然性质的所得。

居民个人取得的工资、薪金所得，劳务报酬所得，稿酬所得和特许权使用费所得4项所得（以下称综合所得），按纳税年度合并计算个人所得税；非居民个人取得的工资、薪金所得，劳务报酬所得，稿酬所得，特许权使用费所得4项所得，按月或者按次分项计算个人所得税。纳税人取得的经营所得，利息、股息、红利所得，财产租赁所得，财产转让所得，偶然所得，依法分别计算个人所得税。

三、个人所得税的税率

我国个人所得税采用的税率形式有超额累进税率和比例税率。各项所得适用的税率具体规定如下。

个人所得税的税率

（一）综合所得

居民个人的综合所得适用3%～45%的超额累进税率。具体税率如表5-1所示。

表 5-1 个人所得税税率表

（综合所得适用）

级数	全年应纳税所得额	税率 /%	速算扣除数
1	不超过 36 000 元的	3	0
2	超过 36 000 元至 144 000 元的部分	10	2 520
3	超过 144 000 元至 300 000 元的部分	20	16 920
4	超过 300 000 元至 420 000 元的部分	25	31 920
5	超过 420 000 元至 660 000 元的部分	30	52 920
6	超过 660 000 元至 960 000 元的部分	35	85 920
7	超过 960 000 元的部分	45	181 920

注：本表所称全年应纳税所得额是指依照税法规定，居民个人取得综合所得以每一纳税年度收入额减除费用 60 000 元以及专项扣除、专项附加扣除和依法确定的其他扣除后的余额。

非居民个人取得工资、薪金所得，劳务报酬所得，稿酬所得和特许权使用费所得，依照表 5-1 按月换算后计算应纳税额。具体税率如表 5-2 所示。

表 5-2 个人所得税税率表

（非居民个人工资、薪金所得，劳务报酬所得，稿酬所得，特许权使用费所得适用）

级数	应纳税所得额	税率 /%	速算扣除数
1	不超过 3 000 元的	3	0
2	超过 3 000 元至 12 000 元的部分	10	210
3	超过 12 000 元至 25 000 元的部分	20	1 410
4	超过 25 000 元至 35 000 元的部分	25	2 660
5	超过 35 000 元至 55 000 元的部分	30	4 410
6	超过 55 000 元至 80 000 元的部分	35	7 160
7	超过 80 000 元的部分	45	15 160

（二）经营所得

经营所得适用 5% ～ 35% 的超额累进税率。具体税率如表 5-3 所示。

表 5-3 个人所得税税率表

（经营所得适用）

级数	全年应纳税所得额	税率 /%	速算扣除数
1	不超过 30 000 元的	5	0
2	超过 30 000 元至 90 000 元的部分	10	1 500
3	超过 90 000 元至 300 000 元的部分	20	10 500
4	超过 300 000 元至 500 000 元的部分	30	40 500
5	超过 500 000 元的部分	35	65 500

注：本表所称全年应纳税所得额是指依照税法规定，以每一纳税年度的收入总额减除成本、费用以及损失后的余额。

（三）利息、股息、红利所得，财产租赁所得，财产转让所得，偶然所得

利息、股息、红利所得，财产租赁所得，财产转让所得，偶然所得适用比例税率，税率为20%。自2001年1月1日起，对个人出租住房取得的所得暂减按10%的税率征收个人所得税。

四、个人所得税的税收优惠

（一）免税项目

以下项目按规定免税。

（1）省级人民政府、国务院部委和中国人民解放军军以上单位，以及外国组织、国际组织颁发的科学、教育、技术、文化、卫生、体育、环境保护等方面的奖金。

个人所得税的税收
优惠

（2）国债和国家发行的金融债券利息。

（3）按照国家统一规定发给的补贴、津贴。

（4）福利费、抚恤金、救济金。

（5）保险赔款。

（6）军人的转业费、复员费、退役金。

（7）按照国家统一规定发给干部、职工的安家费、退职费、基本养老金或退休费、离休费、离休生活补助费。

（8）依照我国有关法律规定应予免税的各国驻华使馆、领事馆的外交代表、领事官员和其他人员的所得。

（9）中国政府参加的国际公约、签订的协议中规定免税的所得。

（10）国务院规定的其他免税所得。该项免税所得由国务院报全国人民代表大会常委委员会备案。

（二）减税项目

以下项目按规定减税。

（1）残疾、孤老人员和烈属的所得。

（2）因严重自然灾害造成重大损失的。

上述减税项目的减征幅度和期限，由省、自治区、直辖市人民政府规定，并报同级人民代表常委委员会备案。

国务院可以规定其他减税情形，报全国人民代表大会常务委员会备案。

（三）其他免税所得和暂免征税项目

（1）下列所得，暂免征收个人所得税。

① 外籍个人以非现金形式或实报实销形式取得的住房补贴、伙食补贴、搬迁费、洗衣费。

② 外籍个人按合理标准取得的境内、外出差补贴。

③ 外籍个人取得的探亲费、语言训练费、子女教育费等，经当地税务机关审核批准为合理的部分。

④ 外籍人员从外商投资企业取得的股息、红利所得。

⑤ 符合税法规定条件的外籍专家取得的工资、薪金所得可免征个人所得税。

（2）个人在上海、深圳证券交易所转让从上市公司公开发行和转让市场取得的股票，转让所得暂不征收个人所得税。

（3）个人举报、协查各种违法、犯罪行为而获得的奖金暂免征收个人所得税。

（4）个人办理代扣代缴手续，按规定取得的扣缴手续费暂免征收个人所得税。

（5）个人转让自用达 5 年以上，并且是唯一的家庭生活用房取得的所得，暂免征收个人所得税。

（6）对个人购买福利彩票、体育彩票，一次中奖收入在 1 万元以下的（含 1 万元）暂免征收个人所得税，超过 1 万元的，全额征收个人所得税。

（7）个人取得单张有奖发票奖金所得不超过 800 元（含 800 元）的，暂免征收个人所得税。

（8）达到离休、退休年龄，但确因工作需要，适当延长离休退休年龄的高级专家（指享受国家发放的政府特殊津贴的专家、学者），其在延长离休退休期间的工资、薪金所得，视同退休工资、离休工资，免征个人所得税。

（9）对国有企业职工，因企业依照《中华人民共和国企业破产法》宣告破产，从破产企业取得的一次性安置费收入，免予征收个人所得税。

（10）对被拆迁人按照国家有关城镇房屋拆迁管理办法规定的标准取得的拆迁补偿款，免征个人所得税。

（11）个人领取原提存的住房公积金、基本医疗保险金、基本养老保险金，以及具备《失业保险条例》中规定条件的失业人员领取的失业保险金，免予征收个人所得税。

（12）自 2008 年 10 月 9 日（含）起，对储蓄存款利息所得暂免征收个人所得税。

（13）自 2015 年 9 月 8 日起，个人从公开发行和转让市场取得的上市公司股票，持股期限超过 1 年的，股息红利所得暂免征收个人所得税。

（14）符合税法规定条件的房屋产权无偿赠予的，对当事双方不征收个人所得税。

试一试

根据个人所得税法律制度的规定，居民个人取得的下列所得中，免予或暂免征收个人所得税的有（　　　）。

A．保险赔款　　　　　　　　B．抚恤金

C．国债利息收入　　　　　　D．财产租赁所得

学习子情境二　个人所得税的核算

李华在掌握了个人所得税基本要素的基础上，进入了个人所得税"算税"情境的学习。纳税人取得各项应税所得如何计算个人所得税？企业如何核算个人所得税？围绕这些问题，李华开启了对个人所得税应纳税额计算和会计核算的学习。

一、居民个人综合所得应纳税额的计算

居民个人综合所得
应纳税额的计算

（一）应纳税所得额的确定

以居民个人每一纳税年度的收入额减除费用 60 000 元以及专项扣除、专项附加扣除和依法确定的其他扣除后的余额，为综合所得应纳税所得额。其计算公式为

应纳税所得额 = 每一纳税年度的收入总额 − 费用 60 000 元 − 专项扣除 −
专项附加扣除 − 依法确定的其他扣除

综合所得，包括工资、薪金所得，劳务报酬所得，稿酬所得，特许权使用费所得 4 项。劳务报酬所得、稿酬所得、特许权使用费所得以收入减除 20% 的费用后的余额为收入额。稿酬所得的收入额减按 70% 计算。

专项扣除、专项附加扣除和依法确定的其他扣除，以居民个人一个纳税

年度的应纳税所得额为限额；一个纳税年度扣除不完的，不结转以后年度扣除。

1. 专项扣除

专项扣除包括居民个人按照国家规定的范围和标准缴纳的基本养老保险、基本医疗保险、失业保险等社会保险费和住房公积金等。

2. 专项附加扣除

专项附加扣除包括子女教育、继续教育、大病医疗、住房贷款利息、住房租金、赡养老人、3 岁以下婴幼儿照护 7 项。

（1）子女教育专项附加扣除。

纳税人的子女接受学前教育和学历教育的相关支出，按照每个子女每年 12 000 元（每月 1 000 元）的标准定额扣除。

受教育子女的父母可以选择由其中一方按扣除标准的 100% 扣除，也可以选择由双方分别按扣除标准的 50% 扣除。

（2）继续教育专项附加扣除。

纳税人在中国境内接受学历（学位）继续教育的支出，在学历（学位）教育期间按照每月 400 元定额扣除。同一学历（学位）继续教育的扣除期限不能超过 48 个月。纳税人接受技能人员职业资格继续教育、专业技术人员职业资格继续教育的支出，在取得相关证书的当年，按照 3 600 元定额扣除。

个人接受本科及以下学历（学位）继续教育，符合上述扣除条件的，可以选择由其父母扣除，也可以选择由本人扣除。

（3）大病医疗专项附加扣除。

在一个纳税年度内，纳税人发生的与基本医保相关的医药费用支出，扣除医保报销后个人负担（指医保目录范围内的自付部分）累计超过 15 000 元的部分，由纳税人在办理年度汇算清缴时，在 80 000 元限额内据实扣除。

纳税人发生的医药费用支出可以选择由本人或者其配偶扣除；未成年子女发生的医药费用支出可以选择由其父母一方扣除。纳税人及其配偶、未成年子女发生的医药费用支出，按上述规定分别计算扣除额。

（4）住房贷款利息专项附加扣除。

纳税人本人或者配偶单独或者共同使用商业银行或者住房公积金个人住房贷款为本人或者其配偶购买中国境内住房，发生的首套住房贷款利息支出，在实际发生贷款利息的年度，按照每月 1 000 元的标准定额扣除，扣除期限最长不超过 240 个月。纳税人只能享受一次首套住房贷款的利息扣除。

经夫妻双方约定，可以选择由其中一方扣除，具体扣除方式在一个纳税年度内不能变更。

（5）住房租金专项附加扣除。

纳税人在主要工作城市没有自有住房而发生的住房租金支出，可以按照以下标准定额扣除：承租的住房位于直辖市、省会（首府）城市、计划单列市以及国务院确定的其他城市，扣除标准为每月 1 500 元；承租的住房位于上述所列城市以外，市辖区户籍人口数量超过 100 万的城市，扣除标准为每月 1 100 元；市辖区户籍人口数量不超过 100 万的城市，扣除标准为每月 800 元。

纳税人的配偶在纳税人的主要工作城市有自有住房的，视同纳税人在主要工作城市有自有住房。夫妻双方主要工作城市相同的，只能由一方扣除住房租金支出。住房租金支出由签订租赁住房合同的承租人扣除。纳税人及其配偶在一个纳税年度内不能同时享受住房贷款利息和住房租金专项附加扣除。

（6）赡养老人专项附加扣除。

纳税人赡养年满 60 岁的父母及其他法定赡养人的赡养支出，统一按照以下标准定额扣除。

纳税人为独生子女的，按照每月 2 000 元的标准定额扣除；纳税人为非独生子女的，由其与兄弟姐妹分摊每月 2 000 元的扣除额度，每人分摊的额度不能超过每月 1 000 元。

（7）3 岁以下婴幼儿照护专项附加扣除。

纳税人照护 3 岁以下婴幼儿子女的相关支出，按照每个婴幼儿每月 1 000 元的标准定额扣除。

父母可以选择由其中一方按扣除标准的 100% 扣除，也可以选择由双方分别按扣除标准的 50% 扣除，具体扣除方式在一个纳税年度内不能变更。

3. 依法确定的其他扣除

依法确定的其他扣除包括个人缴付符合国家规定的企业年金、职业年金，个人购买符合国家规定的商业健康保险、税收递延型商业养老保险的支出，以及国务院规定可以扣除的其他项目。

（二）应纳税额的计算

居民个人的综合所得适用 7 级超额累进税率，其计算公式为

$$应纳税额 = 应纳税所得额 \times 适用税率 - 速算扣除数$$

由于扣缴义务人向居民个人支付工资、薪金所得，劳务报酬所得，稿酬所

得，特许权使用费所得时，预扣预缴个人所得税，因此在实际工作中，扣缴义务人需要按月或者按次预扣预缴税款，次年办理汇算清缴。

（1）扣缴义务人向居民个人支付工资、薪金所得时，应当按照累计预扣法计算预扣税款，并按月办理全员全额扣缴申报。具体计算公式为

本期应预扣预缴税额 =（累计预扣预缴应纳税所得额 × 预扣率 - 速算扣除数）-
累计减免税额 - 累计已预扣预缴税额

累计预扣预缴应纳税所得额 = 累计收入 - 累计免税收入 - 累计减除费用 -
累计专项扣除 - 累计专项附加扣除 -
累计依法确定的其他扣除

其中：累计减除费用，按照 5 000 元 / 月乘以纳税人当年截至本月在本单位的任职受雇月份数计算。

上述公式中，计算居民个人工资、薪金所得预扣预缴税额的预扣率、速算扣除数，按表 5-4（个人所得税预扣率表一）执行。

表 5-4　个人所得税预扣率表一

（居民个人工资、薪金所得预扣预缴适用）

级数	累计预扣预缴应纳税所得额	预扣率 /%	速算扣除数
1	不超过 36 000 元的部分	3	0
2	超过 36 000 元至 144 000 元的部分	10	2 520
3	超过 144 000 元至 300 000 元的部分	20	16 920
4	超过 300 000 元至 420 000 元的部分	25	31 920
5	超过 420 000 元至 660 000 元的部分	30	52 920
6	超过 660 000 元至 960 000 元的部分	35	85 920
7	超过 960 000 元的部分	45	181 920

（2）扣缴义务人向居民个人支付劳务报酬所得、稿酬所得、特许权使用费所得，按次或者按月预扣预缴个人所得税。具体预扣预缴方法如下。

劳务报酬所得、稿酬所得、特许权使用费所得以收入减除费用后的余额为收入额。其中，稿酬所得的收入额减按 70% 计算。

减除费用：劳务报酬所得、稿酬所得、特许权使用费所得每次收入不超过 4 000 元的，减除费用按 800 元计算；每次收入 4 000 元以上的，减除费用按 20% 计算。

应纳税所得额：劳务报酬所得、稿酬所得、特许权使用费所得，以每次收入额为预扣预缴应纳税所得额。劳务报酬所得适用 20% 至 40% 的超额累进预扣率，如表 5-5（个人所得税预扣率表二）所示，稿酬所得、特许权使用费所得适用 20% 的比例预扣率。

劳务报酬所得应预扣预缴税额＝预扣预缴应纳税所得额 × 预扣率－速算扣除数

稿酬所得、特许权使用费所得应预扣预缴税额＝预扣预缴应纳税所得额 ×20%

表 5-5　个人所得税预扣率表二

（居民个人劳务报酬所得预扣预缴适用）

级数	预扣预缴应纳税所得额	预扣率 /%	速算扣除数
1	不超过 20 000 元的部分	20	0
2	超过 20 000 元至 50 000 元的部分	30	2 000
3	超过 50 000 元的部分	40	7 000

【做中学 5-1】居民个人郑某 2022 年取得全年工资、薪金 190 000 元。当地规定的社会保险和住房公积金个人缴付比例为：基本养老保险 8%，基本医疗保险 2%，失业保险 0.5%，住房公积金 12%。郑某每月缴纳社会保险费核定的缴费工资基数为 10 000 元。郑某正在偿还首套住房贷款及贷款利息；郑某为独生子女，其独生子正就读大学三年级；郑某父母均已经年过 60 岁。郑某夫妇约定由郑某扣除贷款和子女教育费。计算郑某 2022 年度应缴纳的个人所得税税额。

解析：（1）全年减除费用 60 000 元。

（2）专项扣除 =10 000×（8%+2%+0.5%+12%）×12=27 000（元）。

（3）专项附加扣除如下。

郑某子女教育支出实行定额扣除，每年扣除 12 000 元。

郑某首套住房贷款利息支出实行定额扣除，每年扣除 12 000 元。

郑某赡养老人支出实行定额扣除，每年扣除 24 000 元。

专项附加扣除合计 =12 000+12 000+24 000=48 000（元）。

（4）扣除项合计 =60 000+27 000+48 000=135 000（元）。

（5）应纳税所得额 =190 000-135 000=55 000（元）。

（6）应缴纳个人所得税税额 =55 000×10%-2 520=2 980（元）。

【做中学 5-2】在中国境内某高校任职的居民个人李教授 2023 年 1—3 月的收入如下：每月取得工资 10 000 元；1 月为甲公司新进职员进行入职培训，取得劳务报酬 3 000 元；2 月出版一部教材，从出版社取得稿酬 20 000 元；3 月为乙公司提供一项专利技术使用权，取得特许权使用费 5 000 元。

已知：李教授专项扣除为 1 500 元 / 月，从 1 月起享受子女教育专项附加扣除 1 000 元 / 月，没有减免收入及减免税额等情况。

要求：计算高校、甲公司、出版社及乙公司为李教授预扣预缴的个人所得税税额。

解析：高校 1 月份预扣预缴个人所得税税额 =（10 000-5 000-1 500-

1 000）×3%=75（元）。

高校 2 月份预扣预缴个人所得税税额 =（10 000×2-5 000×2-1 500×2-1 000×2）×3%-75=75（元）。

高校 3 月份预扣预缴个人所得税税额 =（10 000×3-5 000×3-1 500×3-1 000×3）×3%-75-75=75（元）。

甲公司预扣预缴个人所得税税额 =（3 000-800）×20%=440（元）。

出版社预扣预缴个人所得税税额 =（20 000-20 000×20%）×70%×20%=2 240（元）。

乙公司预扣预缴个人所得税税额 =（5 000-5 000×20%）×20%=800（元）。

二、非居民个人的工资、薪金所得，劳务报酬所得，稿酬所得，特许权使用费所得应纳税额的计算

（一）应纳税所得额的确定

非居民个人的工资、薪金所得，以每月收入额减除费用 5 000 元后的余额为应纳税所得额；劳务报酬所得、稿酬所得、特许权使用费所得，以每次收入额为应纳税所得额。其中，劳务报酬所得、稿酬所得、特许权使用费所得以收入减除 20% 的费用后的余额为收入额。稿酬所得的收入额减按 70% 计算。

非居民个人的工资、薪金所得，劳务报酬所得，稿酬所得，特许权使用费所得应纳税额的计算

非居民个人的劳务报酬所得、稿酬所得、特许权使用费所得，属于一次性收入的，以取得该项收入为一次；属于同一项目连续性收入的，以一个月内取得的收入为一次。

（二）应纳税额的计算

非居民个人工资、薪金所得，劳务报酬所得，稿酬所得，特许权使用费所得适用表 5-2 所列税率计算应纳税额，其计算公式为

$$应纳税额 = 应纳税所得额 × 税率 - 速算扣除数$$

【做中学 5-3】受聘于中国境内甲公司工作的外籍工程师汤姆是非居民纳税人，2023 年 2 月汤姆取得工资、薪金 10 000 元；此外，2 月汤姆还为境内乙公司员工进行 2 次技能培训，每次取得劳务报酬 3 000 元。计算汤姆当月应缴纳的个人所得税税额。

解析：非居民个人取得的工资、薪金所得，劳务报酬所得，稿酬所得，特许权使用费所得 4 项所得，按月或者按次分项计算个人所得税，并由发放所得

的单位代扣代缴税款。汤姆 2 月取得的 2 次技能培训收入属于同一项目连续性收入，以一个月内取得的收入为一次计税。

工资、薪金所得应缴纳个人所得税税额 =（10 000-5 000）×10%-210=290（元）。

劳务报酬所得应缴纳个人所得税税额 =3 000×2×（1-20%）×10%-210= 270（元）。

三、财产租赁所得应纳税额的计算

财产租赁所得应纳
税额的计算

（一）应纳税所得额的确定

财产租赁所得以一个月内取得的收入为一次。每次收入不超过 4 000 元的，减除费用 800 元；每次收入超过 4 000 元的，减除 20% 的费用，其余额为应纳税所得额。

每次收入不超过 4 000 元的，其计算公式为

应纳税所得额 = 每次（月）收入额 - 合理的税费 - 修缮费用（以 800 元为限）-800

每次收入超过 4 000 元的，其计算公式为

应纳税所得额 =［每次收入额 - 合理的税费 - 修缮费用（以 800 元为限）］×（1-20%）

（二）应纳税额的计算

财产租赁所得适用 20% 的比例税率。但对个人出租居民住房取得的所得，自 2001 年 1 月 1 日起暂减按 10% 的税率征税。其计算公式为

应纳税额 = 应纳税所得额 × 适用税率

【做中学 5-4】中国居民李某从 2022 年 4 月 1 日出租用于居住的住房，每月取得出租住房的租金收入为 3 000 元；7 月发生房屋的维修费为 1 600 元，不考虑其他税费。计算李某 2022 年出租房屋应缴纳的个人所得税税额。

解析：应缴纳个人所得税税额 =［3 000-800（修缮费）-800］×10%×2+（3 000-800）×10%×7=1 820（元）。

四、财产转让所得应纳税额的计算

财产转让所得应纳
税额的计算

（一）应纳税所得额的确定

财产转让所得以个人每次转让财产取得的收入额减除财产原值和合理费用后的余额为应纳税所得额。

应纳税所得额 = 每次收入额 - 财产原值 - 合理费用

（二）应纳税额的计算

财产转让所得适用 20% 的比例税率。其应纳税额的计算公式为

$$应纳税额 = 应纳税所得额 \times 适用税率$$

【做中学 5-5】中国居民王某 2023 年 2 月将一套居住了 1 年的普通住房出售，原值为 25 万元，售价为 30 万元，售房中发生费用 1 万元。计算王某出售房屋应缴纳的个人所得税税额。

解析：应缴纳个人所得税税额 =（30-25-1）×20%=0.8（万元）。

五、利息、股息、红利所得和偶然所得应纳税额的计算

利息、股息、红利所得，以支付利息、股息、红利时取得的收入为一次；偶然所得，以每次取得该项收入为一次。利息、股息、红利所得和偶然所得，以个人每次取得的收入额为应纳税所得额，不得从收入中扣除任何费用。利息、股息、红利所得，偶然所得适用 20% 的比例税率。其应纳税额的计算公式为

利息、股息、红利所得和偶然所得应纳税额的计算

$$应纳税额 = 应纳税所得额（每次收入）\times 适用税率$$

> **注意**
>
> 个人从公开发行和转让市场取得的上市公司股票，持股期限在 1 个月以内（含 1 个月）的，其股息红利所得全额计入应纳税所得额；持股期限在 1 个月以上至 1 年（含 1 年）的，暂减按 50%，计入应纳税所得额；自 2015 年 9 月 8 日起，个人从公开发行和转让市场取得的上市公司股票，持股期限超过 1 年的，股息红利所得暂免征收个人所得税。

【做中学 5-6】张先生为自由职业者，2023 年 5 月取得如下所得：从 A 上市公司取得 1 年期股息所得 16 000 元，从 B 非上市公司取得股息所得 7 000 元，兑现 5 月 10 日到期的一年期银行储蓄存款利息所得 1 500 元。计算张先生上述所得应缴纳的个人所得税税额。

解析：取得上市公司的 1 年期股息所得减半征收个人所得税。对储蓄存款利息所得暂免征收个人所得税。

股息所得应缴纳个人所得税税额 =16 000×20%×50%+7 000×20%=3 000（元）。

储蓄存款利息所得暂免征收个人所得税。

张先生本月应缴纳个人所得税为 3 000 元。

六、个人所得税的核算处理

（一）科目设置

个人所得税的核算

企业应在"应交税费"科目下设置"应交个人所得税"明细科目进行个人所得税的会计核算。

（二）主要账务处理

（1）企业代扣个人所得税时，借记"应付职工薪酬"，贷记"应交税费——应交个人所得税"。

（2）企业代交个人所得税时，借记"应交税费——应交个人所得税"，贷记"银行存款"。

学习子情境三　个人所得税的智能申报

李华在完成个人所得税"算税"情境的学习后，已经能根据武汉双木筷子制造有限公司会计资料计算出该公司3月份员工应缴纳的个人所得税税额并进行会计核算。在王丽丽的指导下，李华开启了个人所得税"报税"情境的学习。

一、知识准备

（一）纳税申报方式

个人所得税的智能
申报之知识准备

个人所得税以所得人为纳税人，以支付所得的单位或者个人为扣缴义务人。

纳税人有中国公民身份号码的，以中国公民身份号码为纳税人识别号；纳税人没有中国公民身份号码的，由税务机关赋予其纳税人识别号。扣缴义务人扣缴税款时，纳税人应当向扣缴义务人提供纳税人识别号。

（二）纳税期限

（1）居民个人取得综合所得，按年计算个人所得税；有扣缴义务人的，由扣缴义务人按月或者按次预扣预缴税款；需要办理汇算清缴的，应当在取得所得的次年3月1日至6月30日办理汇算清缴。预扣预缴办法由国务院税务主管部门制定。

（2）非居民个人取得工资、薪金所得，劳务报酬所得，稿酬所得和特许权使用费所得，有扣缴义务人的，由扣缴义务人按月或者按次代扣代缴税款，不办理汇算清缴。

（3）纳税人取得经营所得，按年计算个人所得税，由纳税人在月度或者季度终了后 15 日内向税务机关报送纳税申报表，并预缴税款；在取得所得的次年 3 月 31 日前办理汇算清缴。

（4）纳税人取得利息、股息、红利所得，财产租赁所得，财产转让所得和偶然所得，按月或者按次计算个人所得税，有扣缴义务人的，由扣缴义务人按月或者按次代扣代缴税款。

（5）纳税人取得应税所得没有扣缴义务人的，应当在取得所得的次月 15 日前向税务机关报送纳税申报表，并缴纳税款。

（6）纳税人取得应税所得，扣缴义务人未扣缴税款的，纳税人应当在取得所得的次年 6 月 30 日前，缴纳税款；税务机关通知限期缴纳的，纳税人应当按照期限缴纳税款。

（7）居民个人从中国境外取得所得的，应当在取得所得的次年 3 月 1 日至 6 月 30 日申报纳税。

（8）非居民个人在中国境内从两处以上取得工资、薪金所得的，应当在取得所得的次月 15 日前申报纳税。

（9）纳税人因移居境外注销中国户籍的，应当在注销中国户籍前办理税款清算。

（10）扣缴义务人每月或者每次预扣、代扣的税款，应当在次月 15 日前缴入国库，并向税务机关报送扣缴个人所得税申报表。

（三）纳税地点

（1）纳税人有两处以上任职、受雇单位的，选择向其中一处任职、受雇单位所在地主管税务机关办理纳税申报；纳税人没有任职、受雇单位的，向户籍所在地或经常居住地主管税务机关办理纳税申报。

（2）纳税人取得经营所得，按年计算个人所得税，纳税人向经营管理所在地主管税务机关办理预缴纳税申报；从两处以上取得经营所得的，选择向其中一处经营管理所在地主管税务机关办理年度汇总申报。

（3）居民个人从中国境外取得所得的，向中国境内任职、受雇单位所在地主管税务机关办理纳税申报；在中国境内没有任职、受雇单位的，向户籍所在地或中国境内经常居住地主管税务机关办理纳税申报；户籍所在地与中国境内经常居住地不一致的，选择其中一地主管税务机关办理纳税申报；在中国境内没有户籍的，向中国境内经常居住地主管税务机关办理纳税申报。

（4）纳税人因移居境外注销中国户籍的，应当在申请注销中国户籍前，向户籍所在地主管税务机关办理纳税申报，进行税款清算。

（5）非居民个人在中国境内从两处以上取得工资、薪金所得的，应当向其中一处任职、受雇单位所在地主管税务机关办理纳税申报。

二、智能纳税申报

（一）申报资料

武汉双木筷子制造有限公司（纳税人识别号：914201********381K）有 8 名员工，2023 年 3 月武汉双木筷子制造有限公司员工工资、薪金所得如表 5-6 所示。

已知：当地规定的社会保险金和住房公积金个人缴付比例为：基本养老保险 8%，基本医疗保险 2%，失业保险 0.5%，住房公积金 12%。

要求：完成扣缴个人所得税纳税申报。

（二）智能申报

1. 智能申报工作流程

个人所得税的纳税申报方式有两种，分别是代扣代缴和自行申报。其中单位代扣代缴申报工作流程如下。

第一步，办税员登录国家税务总局电子税务局采集并报送人员信息、专项附加扣除信息。

第二步，办税员进行综合所得预缴申报，完成申报并缴纳税款。

第三步，申报完成并成功缴款后，系统会自动将缴款凭证推送至财务云共享中心，票据管理员查看凭证并对凭证进行归类，保存后系统会自动生成缴纳个人所得税的记账凭证。

第四步，财务主管对自动生成的缴纳个人所得税的记账凭证进行审核，审核完毕后系统自动生成"应交税费——应交个人所得税"明细账。

2. 申报表的填制

扣缴义务人个人所得税扣缴申报时，应填写"个人所得税基础信息表（A 表）""个人所得税扣缴申报表"。2023 年 3 月武汉双木筷子制造有限公司"个人所得税扣缴申报表"如表 5-7 所示。

表5-6　2023年3月工资、薪金所得

金额单位：元（列至角、分）

姓名	身份证件号码	工资收入	养老保险	医疗保险	失业保险	住房公积金	三险一金合计	子女教育	赡养老人	住房贷款利息	住房租金	继续教育	3岁以下婴幼儿照护	累计专项附加扣除
王子文	420102197***1516	20700.00	1656.00	414.00	103.50	2484.00	4657.50	1000.00	1000.00					2000.00
何斌	420203198***1510	14490.00	1159.20	289.80	72.45	1738.80	3260.25	1000.00	2000.00	1000.00				4000.00
王丽丽	420103192***152X	9430.00	754.40	188.60	47.15	1131.60	2121.75	1000.00						1000.00
张文强	420103198***3513	8050.00	644.00	161.00	40.25	966.00	1811.25	1000.00						1000.00
李强	420102199***0514	10350.00	828.00	207.00	51.75	1242.00	2328.75						1000.00	1000.00
林小雨	420103199***2545	13800.00	1104.00	276.00	69.00	1656.00	3105.00				1500.00			1500.00
冯琪琪	420103200***2522	6900.00	552.00	138.00	34.50	828.00	1552.50							
李华	420103200***1527	6800.00	544.00	136.00	34.00	816.00	1530.00							
合计		90520.00	7241.60	1810.40	452.60	10862.40	20367.00	4000.00	3000.00	1000.00	1500.00		1000.00	10500.00

表 5-7　个人所得税扣缴申报表

税款所属期：2023 年 3 月 1 日—2023 年 3 月 31 日
扣缴义务人名称：武汉双木筷子制造有限公司
扣缴义务人纳税人识别号（统一社会信用代码）：914201*********381K

金额单位：元（列至角、分）

序号(1)	姓名(2)	身份证件号码(4)	所得项目(7)	收入(8)	减除费用(11)	基本养老保险费(12)	基本医疗保险费(13)	失业保险费(14)	住房公积金(15)	累计收入额(22)	累计减除费用(23)	累计专项扣除(24)	子女教育(25)	赡养老人(26)	住房贷款利息(27)	住房租金(28)	3岁以下婴幼儿照护(30)	累计应纳税所得额(34)	税率/预扣率(35)	速算扣除数(36)	应纳税额(37)	已缴税额(39)	应补/退税额(40)
1	王子文	4201021977****1516	工资薪金	20 700.00	5 000.00	1 656.00	414.00	103.50	2 484.00	62 100.00	15 000.00	13 972.50	3 000.00	3 000.00				27 127.50	3%	0	813.83	542.55	271.28
2	何斌	4202031983****1510	工资薪金	14 490.00	5 000.00	1 159.20	289.80	72.45	1 738.80	43 470.00	15 000.00	9 780.75	3 000.00	6 000.00	3 000.00			6 689.25	3%	0	200.68	133.79	66.89
3	王丽丽	4201031992****152X	工资薪金	9 430.00	5 000.00	754.40	188.60	47.15	1 131.60	28 290.00	15 000.00	6 365.25	3 000.00					3 924.75	3%	0	117.74	78.49	39.25
4	张文强	4201031989****3513	工资薪金	8 050.00	5 000.00	644.00	161.00	40.25	966.00	24 150.00	15 000.00	5 433.75	3 000.00					716.25	3%	0	21.49	14.33	7.16
5	李强	4201021992****0514	工资薪金	10 350.00	5 000.00	828.00	207.00	51.75	1 242.00	31 050.00	15 000.00	6 986.25					3 000.00	6 063.75	3%	0	181.91	121.28	60.64
6	林小鸥	4201031994****2545	工资薪金	13 800.00	5 000.00	1 104.00	276.00	69.00	1 656.00	41 400.00	15 000.00	9 315.00				4 500.00		12 585.00	3%	0	377.55	341.70	35.85
7	冯琪琪	4201032000****2522	工资薪金	6 900.00	5 000.00	552.00	138.00	34.50	828.00	20 700.00	15 000.00	4 657.50						1 042.50	3%	0	31.28	20.85	10.43
8	李华	4201032002****1527	工资薪金	6 800.00	5 000.00	544.00	136.00	34.00	816.00	20 400.00	15 000.00	4 590.00					3 000.00	810.00	3%	0	24.30	16.20	8.10
	合计合计			90 520.00	40 000.00	7 241.60	1 810.40	452.60	10 862.40	271 560.00	120 000.00	61 101.00	12 000.00	9 000.00	3 000.00	4 500.00	3 000.00	58 959.00			1 768.77	1 269.18	499.60

知识结构图

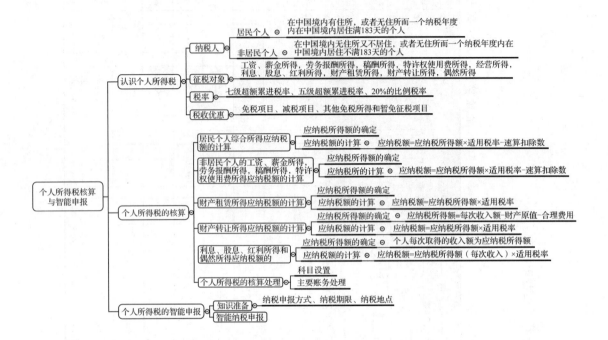

课后练习

（一）单项选择题

1. 根据个人所得税法律制度的规定，下列个人中，属于居民个人的是（   ）。

  A. 在中国境内有住所的个人

  B. 在中国境内无住所而   个纳税年度内在中国境内居住满 180 天的个人

  C. 在中国境内无住所又不居住的个人

  D. 在中国境内无住所而一个纳税年度内在中国境内居住不满 183 天的个人

2. 根据个人所得税法律制度的规定，个人的下列所得中，应计入"工资、薪金所得"项目计征个人所得税的是（   ）。

  A. 误餐补助 B. 加班费 C. 托儿费 D. 独生子女费

3. 根据个人所得税法律制度的规定，下列各项中，属于"劳务报酬所得"的是（   ）。

A. 个人为单位或他人提供担保获得的报酬

B. 个人提供著作的版权而取得的报酬

C. 个人翻译国外的文学作品出版取得的报酬

D. 个人受出版社委托进行审稿取得的报酬

4. 根据个人所得税法律制度的规定，下列收入中，应按"稿酬所得"项目征收个人所得税的是（　　）。

A. 作者出版著作取得的所得

B. 作者提供著作权的使用权取得的所得

C. 作者将自己的文字作品手稿原件公开拍卖取得的所得

D. 作者将自己的文字作品手稿复印件公开拍卖取得的所得

5. 根据个人所得税法律制度的规定，下列征税项目中，个人转让房屋所得适用的是（　　）。

A. 财产转让所得　　　　　　B. 特许权使用费所得

C. 偶然所得　　　　　　　　D. 劳务报酬所得

6. 根据个人所得税法律制度的规定，个人的下列所得中，应缴纳个人所得税的是（　　）。

A. 财产租赁所得　　　　　　B. 退休工资

C. 保险赔款　　　　　　　　D. 国债利息收入

7. 根据个人所得税法律制度的规定，个人取得的下列所得中，免征个人所得税的是（　　）。

A. 劳动分红　　　　　　　　B. 出版科普读物的稿酬所得

C. 年终奖金　　　　　　　　D. 储蓄存款利息

8. 居民个人王某为非任职的甲单位设计图纸，获得设计费 30 000 元，则甲单位应预扣预缴个人所得税税额为（　　）元。

A. 8 000　　　B. 6 000　　　C. 5 200　　　D. 12 000

9. 外籍歌手 MARY 是非居民个人，与一歌厅签约，2023 年 4 月每天到歌厅演唱一次，每次取得报酬 200 元，则 MARY 本月该项所得应缴纳个人所得税税额为（　　）元。

A. 0　　　　　B. 270　　　　C. 310　　　　D. 600

10. 作家王某的小说于 2023 年 1 月出版，取得稿酬 50 000 元，则这笔稿酬在计入综合所得应纳税所得额时应确认的收入额为（　　）元。

A. 28 000　　B. 35 000　　C. 40 000　　D. 50 000

11. 2023 年 1 月李某编写的一部小说出版，取得稿酬 50 000 元，则出版社应预扣预缴个人所得税税额为（　　　）元。

    A. 5 600   B. 7 000   C. 8 000   D. 10 000

12. 2023 年 2 月王某出租住房取得不含税的月租金收入 3 000 元，房屋租赁过程中产生的可以在税前扣除的税费 120 元，支付出租房的修缮费 1 000 元，则王某 2 月份应缴纳的个人所得税税额为（　　　）元。

    A. 108   B. 128   C. 188   D. 208

13. 2022 年 12 月王某购买体育彩票支出 200 元，一次性获得中奖所得 20 000 元，则王某该项中奖所得应缴纳个人所得税税额为（　　　）元。

    A. 4 000   B. 3 960   C. 4 040   D. 3 200

14. 根据个人所得税法律制度的规定，股息、利息、红利所得的应纳税所得额为（　　　）。

    A. 每年收入额 B. 每季收入额 C. 每次收入额 D. 每月收入额

（二）多项选择题

1. 根据个人所得税法律制度的规定，下列各项中，属于个人所得税纳税人的有（　　　）。

    A. 合伙企业中的自然合伙人   B. 一人有限责任公司

    C. 个体工商户   D. 个人独资企业的投资者个人

2. 根据个人所得税法律制度的规定，下列个人中，属于居民个人的有（　　　）。

    A. 在我国境内有住所的个人

    B. 在我国境内无住所又不居住的个人

    C. 在我国境内无住所而一个纳税年度内在中国境内居住不满 183 天的个人

    D. 在我国境内无住所而一个纳税年度内在中国境内居住满 183 天的个人

3. 根据个人所得税法律制度的规定，个人的下列收入中，属于"劳务报酬所得"的有（　　　）。

    A. 从事设计取得的所得   B. 从事讲学取得的所得

    C. 出租房产取得的所得   D. 从事咨询业务取得的所得

4. 根据个人所得税法律制度的规定，下列各项中，属于"综合所得"的有（　　　）。

    A. 工资、薪金所得   B. 劳务报酬所得

    C. 财产租赁所得   D. 特许权使用费所得

5. 个人取得的下列所得中，计缴个人所得税时适用超额累进税率的有（　　　）。

　　A. 综合所得　　B. 经营所得　　C. 偶然所得　　D. 财产转让所得

6. 根据个人所得税法律制度的规定，个人取得的下列利息中，应征个人所得税的有（　　　）。

　　A. 国家发行的金融债券利息　　　B. 公司债券利息

　　C. 企业集资款利息　　　　　　　D. 储蓄存款利息

7. 下列所得中，在计算个人所得税时，以每次收入额为应纳税所得额的有（　　　）。

　　A. 股息、利息、红利所得　　　　B. 财产转让所得

　　C. 财产租赁所得　　　　　　　　D. 偶然所得

8. 根据个人所得税法律制度的规定，关于每次收入的确定的下列表述中，正确的有（　　　）。

　　A. 财产租赁所得，以一年内取得的收入为一次

　　B. 利息所得，以支付利息时取得的收入为一次

　　C. 偶然所得，以每次取得该项收入为一次

　　D. 非居民个人取得的稿酬所得，属于一次性收入的，以取得该项收入
　　　为一次

（三）判断题

1. 居民个人负有限纳税义务，仅就其来源于中国境内的所得，向中国缴纳个人所得税。　　　　　　　　　　　　　　　　　　　　　　　（　　）

2. 国家发行的金融债券利息免征个人所得税。　　　　　　　　（　　）

3. 储蓄存款利息暂免征收个人所得税。　　　　　　　　　　　（　　）

4. 非居民个人从同一处取得的不同项目的劳务报酬所得，应算作两次所得。　　　　　　　　　　　　　　　　　　　　　　　　　　　　　（　　）

5. 特许权使用费所得，是指个人提供专利权、商标权、著作权等的使用权取得的所得。　　　　　　　　　　　　　　　　　　　　　　　　（　　）

6. 专项扣除、专项附加扣除和依法确定的其他扣除，以居民个人一个纳税年度的应纳税所得额为限额；一个纳税年度扣除不完的，准予结转以后年度扣除。　　　　　　　　　　　　　　　　　　　　　　　　　　　　　（　　）

7. 财产租赁所得以纳税人一个月内取得的租赁收入为一次。　　（　　）

8. 纳税人取得应税所得没有扣缴义务人的，应当在取得所得的次月15日前向税务机关报送纳税申报表，并缴纳税款。　　　　　　　　　　（　　）

（四）实训题

实训目的：学习各项所得个人所得税应纳税额的计算方法。

实训资料：居民个人陈某为境内某高校老师，其2022年的收入情况如下。

（1）每月取得工资、薪金10 000元。当地规定的社会保险和住房公积金个人缴付比例为：基本养老保险8%，基本医疗保险2%，失业保险0.5%，住房公积金12%。陈某每月缴纳社会保险费核定的缴费工资基数为10 000元。

（2）3月为乙公司设计产品，取得劳务报酬50 000元。

（3）6月花费2 000元购买福利彩票，一次性获得中奖收入30 000元。

（4）8月为丙公司讲学一次，取得劳务报酬5 000元。

（5）10月出版自传作品一部，取得稿酬16 000元。

（6）11月取得企业债券利息5 000元。

（7）12月取得专利技术使用费6 000元。

已知：陈某正在偿还首套住房贷款及贷款利息；陈某为独生子女，其独生女正读大学二年级；陈某父母均已经年过60岁。陈某夫妇约定由陈某扣除贷款和子女教育费专项附加扣除。

实训要求：按顺序回答下列问题。

（1）计算陈某2022年度综合所得应缴纳个人所得税税额并完成纳税申报。

（2）计算陈某2022年度中奖所得应缴纳个人所得税税额。

（3）计算陈某2022年度利息所得应缴纳个人所得税税额。

（五）素质案例分析题

【案例资料】

2018年6月初，某知名主持人在微博连续曝光娱乐圈通过"阴阳合同"偷税漏税黑幕，并曝光某艺人天价片酬。事件最终，税务机关首度公布该艺人案调查结果，结果显示，该艺人在某电影拍摄过程中实际获得片酬3 000万元，其中1 000万元申报纳税，其余2 000万元以拆分合同方式偷逃个人所得税618万元，少缴税金及附加112万元，合计730万元；该艺人及其担任法人的公司少缴税2.48亿元，其中偷逃税款1.34亿元。所谓"阴阳合同"又称"大小合同"，是指交易双方签订金额不同的两份合同，一份金额较小的"阳合同"用于向主管税务机关备案登记纳税；另一份金额较高的"阴合同"则实际约定双方交易价格，彼此对其秘而不宣，目的就是逃避纳税这一法定义务。

根据《中华人民共和国税收征管法》规定，税务机关将对该艺人及其担任法人的公司追缴税款2.55亿元和滞纳金0.33亿元，对该艺人利用拆分合同隐瞒真实收入和工作室账户隐匿个人报酬以偷逃税分别处以 4 倍和 3 倍的罚款。最终该艺人需要补齐的税款和罚金约为 8.84 亿元。另外，该艺人的经纪人因销毁会计凭证、会计账簿，涉嫌犯罪被公安机关采取刑事强制措施。

【案例解读与思考】

艺人的收入来源一般主要有三类：签约公司取得的固定工资或股权激励、商业广告片酬和个人工作室收入。但是收入多元化并不影响缴税，每类收入都有相应的条款对收入进行征税要求，对号入座。

根据我国税法规定，艺人的固定工资、商业广告片酬所得属于综合所得，按 3%～45% 的超额累进税率计征个人所得税；股权激励按 20% 的比例税率计征个人所得税；个人工作室收入属于经营所得，按 5%～35% 的超额累进税率计征个人所得税。由于知名艺人的收入高，因此在累进税率中，一般适用的都是最高档，即综合所得按 45% 的税率缴纳个人所得税，股息、红利所得按 20% 的税率缴纳个人所得税，经营所得按 35% 的税率缴纳个人所得税。

对于违反《中华人民共和国税收征管法》《中华人民共和国个人所得税法》以及其他法律法规和规范性文件，违背诚实信用原则，存在偷税、骗税、骗抵、冒用他人身份信息、恶意举报、虚假申诉等失信行为的当事人，税务部门将其列入重点关注对象，依法依规采取行政性约束和惩戒措施；对于情节严重、达到重大税收违法失信案件标准的，税务部门将其列为严重失信当事人，依法对外公示，并与全国信用信息共享平台共享。

思考：了解个人"失信"的后果，谈谈培育诚信意识、践行社会主义核心价值观的重要意义。

学习情境六
财产和行为税核算与智能申报

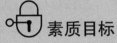 **素质目标**

1 培养学生爱岗敬业、诚实守信的职业道德
2 培养学生遵纪守法、诚信纳税的意识
3 培养学生团队协助、团队互助的意识
4 培养学生一丝不苟的职业情怀

知识目标

1 掌握房产税的构成要素及税收优惠
2 掌握车船税的构成要素及税收优惠
3 掌握城镇土地使用税的构成要素及税收优惠
4 掌握印花税的构成要素及税收优惠
5 了解其他税的构成要素及税收优惠

能力目标

1 会计算财产和行为税应纳税额并进行会计核算
2 能完成财产和行为税纳税申报事宜

第 6 个学习情境是财产和行为税核算与智能申报。李华分"识税和算税""报税"2 个子情境展开学习。财产和行为税包括房产税、车船税、城镇土地使用税、印花税、契税、资源税、耕地占用税、车辆购置税、土地增值税、环境保护税等。这些财产和行为税到底对什么征？对谁征？征多少？计税依据如何确定？应纳税额如何计算？如何进行会计核算？围绕这些问题，李华开启了对财产和行为税应纳税额计算和会计核算的学习。

学习子情境一 财产和行为税的核算

一、房产税

房产税

（一）房产税的基本要素及税收优惠

房产税是以房屋为征税对象，依据房产计税价值或房产租金收入向产权所有人征收的一种税。

1. 房产税的征税范围

房产税的征税对象是房屋。征税范围为在城市、县城、建制镇和工矿区的房屋，但不包括农村的房屋。

2. 房产税的纳税人

房产税的纳税人，是指在城市、县城、建制镇和工矿区内拥有房屋产权的单位和个人。具体包括产权所有人、承典人、房产代管人或者使用人。

（1）产权属国家所有的，由经营管理单位纳税；产权属集体或个人所有的，由集体单位或个人纳税。

（2）产权出典的，由承典人纳税。

（3）产权所有人、承典人不在房产所在地的，由房产代管人或者使用人纳税。

（4）产权未确定及租典纠纷未解决的，由房产代管人或者使用人纳税。

（5）应税单位和个人无租使用其他单位的房产，由使用人代为缴纳房产税。

🗨 试一试

下列关于房产税纳税人的表述，是否正确？

张某将个人拥有产权的房屋出典给李某，则李某为该房屋房产税的纳税人。

3. 房产税的税率

我国现行房产税采用的是比例税率。从价计征的，税率为 1.2%；从租计征的，税率为 12%。

4. 房产税的税收优惠

目前，房产税的税收优惠政策主要有以下几种情形。

（1）国家机关、人民团体、军队自用的房产免征房产税。

（2）由国家财政部门拨付事业经费的单位所有的，本身业务范围内使用的房产免征房产税。

（3）宗教寺庙、公园、名胜古迹自用的房产免征房产税。

（4）个人所有非营业用的房产免征房产税。

（二）房产税应纳税额的计算

1. 计税依据

房产税的计税依据是房产的余值或房产的租金收入。房产的余值是房产的原值一次性减除 10%～30% 后的剩余价值，具体扣除比例由省、自治区、直辖市人民政府确定；房产出租的，以不含增值税的房产租金收入为房产税的计税依据。

2. 应纳税额的计算

房产税分从价计征和从租计征两种形式。按照房产余值计征的，称为从价计征；按照房产租金收入计征的，称为从租计征。

（1）从价计征。从价计征是指按房产的原值减除一定比例后的余值计征，计算公式为

$$应纳税额 = 应税房产原值 \times （1-扣除比例） \times 1.2\%$$

【做中学 6-1】甲企业为增值税一般纳税人，2022 年度自有生产用房原值 5 000 万元，账面已提折旧 1 000 万元。已知房产税税率为 1.2%，当地政府规定计算房产余值的扣除比例为 30%。计算甲企业 2022 年度该房产应缴纳的房产税税额。

解析： 应缴纳的房产税税额 =5 000×（1-30%）×1.2%=42（万元）。

（2）从租计征。从租计征是指按房产的租金收入计征，计算公式为

$$应纳税额 = 租金收入 \times 12\%$$

【做中学 6-2】甲公司为增值税一般纳税人，2021 年 12 月 31 日起出租房屋 10 间，租期 1 年，收取不含增值税的年租金收入 100 000 元。已知房产税税

率为12%。计算甲公司2022年度该房产应缴纳房产税税额。

解析： 应缴纳房产税税额=100 000×12%=12 000（元）。

（三）房产税征收管理

1. 纳税义务发生时间

（1）纳税人将原有房产用于生产经营，从生产经营之月起，缴纳房产税。

（2）纳税人自行新建房屋用于生产经营，从建成之次月起，缴纳房产税。

（3）纳税人委托施工企业建设的房屋，从办理验收手续之次月起，缴纳房产税。

（4）纳税人购置新建商品房，自房屋交付使用之次月起，缴纳房产税。

（5）纳税人购置存量房，自办理房屋权属转移、变更登记手续，房地产权属登记机关签发房屋权属证书之次月起，缴纳房产税。

（6）纳税人出租、出借房产，自交付出租、出借房产之次月起，缴纳房产税。

（7）房地产开发企业自用、出租、出借本企业建造的商品房，自房屋使用或交付之次月起，缴纳房产税。

> **试一试**
>
> 甲公司委托某施工企业建造一幢办公楼。工程于2022年12月完工，2023年1月办妥（竣工）验收手续，4月付清全部价款。甲公司该办公楼房产税的纳税义务发生时间为（　　　）。
>
> A. 2022年12月　B. 2023年1月　C. 2023年2月　D. 2023年4月

2. 纳税期限

房产税实行按年计算、分期缴纳的征收方法，具体纳税期限由省、自治区、直辖市人民政府确定。

3. 纳税地点

房产税在房产所在地缴纳。房产不在同一地方的纳税人，应按房产的坐落地点分别向房产所在地的税务机关申报纳税。

二、车船税

（一）车船税的基本要素及税收优惠

车船税是对在中华人民共和国境内的车辆、船舶（以下简称车船）依法征收的一种税。

1. 车船税的征税范围

车船税的征税范围为在中华人民共和国境内属于《中华人民共和国车船税法》所规定的应税车辆和船舶。车辆包括乘用车、商用车、挂车、其他车辆、摩托车；船舶包括机动船舶和游艇。

车船税

2. 车船税的纳税人

车船税的纳税人是指在中华人民共和国境内属于《中华人民共和国车船税法》所规定的车辆、船舶的所有人或者管理人。

从事机动车第三者责任强制保险业务的保险机构为机动车车船税的扣缴义务人。

3. 车船税的税目与税率

车船税的税目有六大类，包括乘用车、商用车、挂车、其他车辆、摩托车和船舶。车船税采用幅度定额税率，具体如表 6-1 所示。

表 6-1　车船税税目税额表

税目		计税单位	年基准税额/元	备注
乘用车[按发动机气缸容量（排气量）分挡]	≤1.0L 的	每辆	60～360	核定载客人数9人（含）以下
	（1.0L，1.6L]的		300～540	
	（1.6L，2.0L]的		360～660	
	（2.0L，2.5L]的		660～1 200	
	（2.5L，3.0L]的		1 200～2 400	
	（3.0L，4.0L]的		2 400～3 600	
	>4.0L 的		3 600～5 400	
商用车	客车	每辆	480～1 440	核定载客人数9人以上（包括电车）
	货车	整备质量每吨	16～120	包括半挂牵引车、三轮汽车和低速载货汽车等
挂车	—	整备质量每吨	按照货车税额的50%计算	—
其他车辆	专用作业车	整备质量每吨	16～120	不包括拖拉机
	轮式专用机械车		16～120	
摩托车	—	每辆	36～180	
船舶	机动船舶	净吨位每吨	3～6	拖船、非机动驳船分别按照机动船舶税额的50%计算
	游艇	艇身长度每米	600～2 000	—

4. 车船税的税收优惠

车船税的税收优惠包括以下几种情形。

（1）捕捞、养殖渔船免征车船税。

（2）军队、武警专用的车船免征车船税。

（3）警用车船免征车船税。

（4）悬挂应急救援专用号牌的国家综合性消防救援车辆和国家综合性消防救援船舶免征车船税。

（5）依照我国有关法律和我国缔结或者参加的国际条约的规定应当予以免税的外国驻华使馆、领事馆和国际组织驻华机构及其有关人员的车船免征车船税。

（6）对节约能源、使用新能源的车船可以减征或者免征车船税。

（二）车船税应纳税额的计算

1. 计税依据

（1）乘用车、商用客车和摩托车，以辆数为计税依据。

（2）商用货车、专用作业车和轮式专用机械车，按以整备质量吨位数为计税依据。

（3）机动船舶、非机动驳船、拖船，以净吨位数为计税依据。

（4）游艇，以艇身长度为计税依据。

> 🧑 **试一试**
>
> 根据车船税法律制度的规定，下列各项中，属于商用货车计税依据的是（　　　　）。
>
> A. 辆数　　　　　　　　　　B. 整备质量吨位数
>
> C. 净吨位数　　　　　　　　D. 购置价格

2. 应纳税额的计算

车船税应纳税额的计算公式如下。

（1）乘用车、客车和摩托车。

$$应纳税额 = 辆数 \times 适用年基准税额$$

（2）货车、挂车、专用作业车和轮式专用机械车。

$$应纳税额 = 整备质量吨位数 \times 适用年基准税额$$

（3）机动船舶。

$$应纳税额 = 净吨位数 \times 适用年基准税额$$

（4）拖船和非机动驳船。

$$应纳税额 = 净吨位数 \times 适用年基准税额 \times 50\%$$

（5）游艇。

$$应纳税额 = 艇身长度 \times 适用年基准税额$$

（6）购置的新车船，购置当年的应纳税额自纳税义务发生的当月起按月计算。计算公式为

$$应纳税额 = 适用年基准税额 \div 12 \times 应纳税月份数$$

【做中学 6-3】2022 年甲公司拥有 3 辆载客汽车，4 辆载货汽车，载货汽车的整备质量分别为 3 吨、4 吨、2.5 吨、2 吨。已知载客汽车适用年基准税额为 100元，载货汽车适用年基准税额为 50 元。计算甲公司 2022 年度应缴纳车船税税额。

解析： 应缴纳车船税税额 =3×100+（3+4+2.5+2）×50=875（元）。

（三）车船税征收管理

1. 纳税义务发生时间

车船税纳税义务发生时间为取得车船所有权或者管理权的当月。

2. 纳税期限

车船税按年申报，分月计算，一次性缴纳。

3. 纳税地点

车船税的纳税地点为车船的登记地或者车船税扣缴义务人所在地。

👤 三、城镇土地使用税

（一）城镇土地使用税的基本要素及税收优惠

城镇土地使用税

城镇土地使用税是国家在城市、县城、建制镇和工矿区范围内，对使用土地的单位和个人，以其实际占用的土地面积为计税依据，按照规定的税额计算征收的一种税。

1. 城镇土地使用税的征税范围

城镇土地使用税的征税范围包括在城市、县城、建制镇和工矿区内的国家所有和集体所有的土地。

2. 城镇土地使用税的纳税人

在城市、县城、建制镇、工矿区范围内使用土地的单位和个人，为城镇土

地使用税的纳税人。

3. 城镇土地使用税的税率

城镇土地使用税采用定额税率，税额如表 6-2 所示。

表 6-2　城镇土地使用税税额表

级别	人口数量/人	每平方米税额/元
大城市	50 万人以上	1.5 ～ 30
中等城市	20 万～ 50 万人	1.2 ～ 24
小城市	20 万人以下	0.9 ～ 18
县城、建制镇、工矿区		0.6 ～ 12

4. 城镇土地使用税的税收优惠

下列土地免征城镇土地使用税。

（1）国家机关、人民团体、军队自用的土地。

（2）由国家财政部门拨付事业经费的单位自用的土地。

（3）宗教寺庙、公园、名胜古迹自用的土地。

（4）市政街道、广场、绿化地带等公共用地。

（5）直接用于农、林、牧、渔业的生产用地。

（6）经批准开山填海整治的土地和改造的废弃土地，从使用的月份起免缴城镇土地使用税 5 至 10 年。

（7）由财政部另行规定免税的能源、交通、水利设施用地和其他用地。

（二）城镇土地使用税应纳税额的计算

1. 计税依据

城镇土地使用税以纳税人实际占用的土地面积为计税依据。

> **试一试**
>
> 根据城镇土地使用税法律制度的规定，下列各项中，属于城镇土地使用税计税依据的是（　　）。
>
> A. 建筑面积　　　　　　　B. 使用面积
>
> C. 居住面积　　　　　　　D. 实际占用的土地面积

2. 应纳税额的计算

城镇土地使用税以纳税人实际占用的应税土地面积乘以适用税额计算征

收。计算公式为

全年应纳税额＝实际占用应税土地面积（平方米）× 适用税额

【做中学6-4】甲企业为增值税一般纳税人，2022年实际占地面积为25 000平方米，经税务机关核定，甲企业所在地段适用城镇土地使用税税率为每平方米税额2元。计算甲企业2022年度应缴纳的城镇土地使用税税额。

解析： 应缴纳的城镇土地使用税税额 =25 000×2=50 000（元）。

（三）城镇土地使用税征收管理

1. 纳税义务发生时间

（1）纳税人购置新建商品房，自房屋交付使用之次月起，缴纳城镇土地使用税。

（2）纳税人购置存量房，自办理房屋权属转移、变更登记手续，房地产权属登记机关签发房屋权属证书之次月起，缴纳城镇土地使用税。

（3）纳税人出租、出借房产，自交付出租、出借房产之次月起，缴纳城镇土地使用税。

（4）以出让或转让方式有偿取得土地使用权的，应由受让方从合同约定交付土地时间的次月起缴纳城镇土地使用税；合同未约定交付土地时间的，由受让方从合同签订的次月起缴纳城镇土地使用税。

（5）纳税人新征用的耕地，自批准征用之日起满1年时开始缴纳城镇土地使用税。

（6）纳税人新征用的非耕地，自批准征用次月起缴纳城镇土地使用税。

2. 纳税期限

城镇土地使用税按年计算、分期缴纳。

3. 纳税地点

城镇土地使用税由土地所在地的税务机关征收。

四、印花税

（一）印花税的基本要素及税收优惠

印花税是对经济活动和经济交往中书立、领受、使用应税经济凭证征收的一种税。

1. 印花税的征税范围

印花税

现行印花税采用正列举形式，只对法律规定中列举的凭证征收，没有列举的凭证不征收印花税。列举的凭证分为 4 类，即合同、产权转移书据、营业账簿和证券交易。

（1）合同，包括买卖合同、借款合同、融资租赁合同、租赁合同、承揽合同、建设工程合同、运输合同、技术合同、保管合同、仓储合同和财产保险合同。

（2）产权转移书据，包括土地使用权出让书据，土地使用权转让书据，房屋等建筑物、构筑物所有权转让书据，股权转让书据（不包括应缴纳证券交易印花税的），商标专用权、著作权、专利权、专有技术使用权转让书据。

（3）营业账簿，按照反映的内容不同，在税目中分为记载资金的账簿（简称资金账簿）和其他营业账簿两类。对记载资金的营业账簿征收印花税，对其他营业账簿不征收印花税。

（4）证券交易，指在依法设立的证券交易所上市交易或者国务院批准的其他证券交易场所转让公司股票和以股票为基础发行的存托凭证。证券交易印花税对证券交易的出让方征收，不对受让方征收。

2. 印花税的纳税人

在中华人民共和国境内书立应税凭证、进行证券交易的单位和个人，为印花税的纳税人。

3. 印花税的税率

印花税实行比例税率，共 5 个档次，分别为 0.5‰、2.5‰、3‰、5‰ 和 1‰。印花税税目税率如表 6-3 所示。

表 6-3　印花税税目税率表

税目		税率	备注
合同	买卖合同	支付价款的 3‰	指动产买卖合同
	借款合同	借款金额的 0.5‰	指银行业金融机构和借款人（不包括银行同业拆借）订立的借款合同
	融资租赁合同	租金的 0.5‰	—
	租赁合同	租金的 1‰	—
	承揽合同	支付报酬的 3‰	—
	建设工程合同	支付价款的 3‰	—
	运输合同	运输费用的 3‰	指货运合同或多式联运合同（不包括管道运输合同）

续表

税目		税率	备注
合同	技术合同	支付价款、报酬或者使用费的3‰	—
	保管合同	保管费的1‰	—
	仓储合同	仓储费的1‰	—
	财产保险合同	保险费的1‰	不包括再保险合同
产权转移数据	土地使用权出让书据，土地使用权转让书据，房屋等建筑物、构筑物所有权转让书据，股权转让书据（不包括应缴纳证券交易印花税的）	支付价款的5‰	—
	商标专用权、著作权、专利权、专有技术使用权转让书据	支付价款的3‰	—
营业账簿		实收资本（股本）和资本公积合计金额的2.5‰	—
证券交易		成交金额的1‰	对证券交易的出让方征收，不对证券交易的受让方征收

4. 印花税的税收优惠

下列凭证免征印花税。

（1）应税凭证的副本或者抄本。

（2）依照法律规定应当予以免税的外国驻华使馆、领事馆和国际组织驻华代表机构为获得馆舍书立的应税凭证。

（3）中国人民解放军、中国人民武装警察部队书立的应税凭证。

（4）农民、家庭农场、农民专业合作社、农村集体经济组织、村民委员会购买农业生产资料或者销售农产品书立的买卖合同和农业保险合同。

（5）无息或者贴息借款合同、国际金融组织向中国提供优惠贷款书立的借款合同。

（6）财产所有权人将财产赠与政府、学校、社会福利机构、慈善组织书立的产权转移书据。

（7）非营利性医疗卫生机构采购药品或者卫生材料书立的买卖合同。

（8）个人与电子商务经营者订立的电子订单。

（二）印花税应纳税额的计算

1. 计税依据

印花税的计税依据，按照下列方法确定。

（1）应税合同的计税依据，为合同所列的金额，不包括列明的增值税税款。

（2）应税产权转移书据的计税依据，为产权转移书据所列的金额，不包括列明的增值税税款。

（3）应税营业账簿的计税依据，为账簿记载的实收资本（股本）、资本公积合计金额。

（4）证券交易的计税依据，为成交金额。

2. 应纳税额的计算

印花税应纳税额的计算公式如下。

（1）应税合同。

$$应纳税额 = 价款或者报酬 \times 适用税率$$

（2）应税产权转移书据。

$$应纳税额 = 价款 \times 适用税率$$

（3）应税营业账簿。

$$应纳税额 = 实收资本（股本）、资本公积合计金额 \times 适用税率$$

（4）证券交易。

$$应纳税额 = 成交金额或依法确定的计税依据 \times 适用税率$$

【做中学6-5】大宇电厂为增值税一般纳税人，2022年10月大宇电厂与某水运公司签订了两份运输保管合同：第一份合同载明的金额合计50万元（运费和保管费并未分别记载）；第二份合同中注明运费30万元、保管费10万元。已知运输合同印花税适用税率为3‰，保管合同印花税适用税率为1‰。分别计算大宇电厂第一份、第二份合同应缴纳的印花税税额。

解析： 第一份合同应缴纳印花税税额 =500 000×1‰=500（元）。

第二份合同应缴纳印花税税额 =300 000×3‰+100 000×1‰=190（元）。

（三）印花税征收管理

1. 印花税票

印花税票是缴纳印花税的完税凭证，由国家税务总局负责监制。其票面金额以人民币为单位，分为壹角、贰角、伍角、壹元、贰元、伍元、拾元、伍拾元、壹佰元9种。

2. 纳税义务发生时间

印花税的纳税义务发生时间为纳税人书立应税凭证或者完成证券交易的当日。证券交易印花税扣缴义务发生时间为证券交易完成的当日。

3. 纳税期限

印花税按季、按年或者按次计征。实行按季、按年计征的，纳税人应当自季度、年度终了之日起 15 日内申报缴纳税款；实行按次计征的，纳税人应当自纳税义务发生之日起 15 日内申报缴纳税款。

证券交易印花税按周解缴。证券交易印花税扣缴义务人应当自每周终了之日起 5 日内申报解缴税款以及银行结算的利息。

4. 纳税地点

纳税人为单位的，应当向其机构所在地的主管税务机关申报缴纳印花税；纳税人为个人的，应当向应税凭证书立地或者纳税人居住地的主管税务机关申报缴纳印花税。

五、契税[*]

契税

（一）契税的基本要素及税收优惠

契税是国家在土地、房屋权属转移时，按照当事人双方签订的合同（契约）以及所确定价格的一定比例，向权属承受人征收的一种税。

1. 契税的征税范围

契税以在我国境内转移土地、房屋权属的行为作为征税对象。土地、房屋权属未发生转移的，不征收契税。契税的征税范围包括国有土地使用权出让、土地使用权转让、房屋买卖、房屋赠与和房屋互换。以作价投资（入股）、偿还债务、划转、奖励等方式转移土地、房屋权属的，应当依法征收契税。

> **试一试**
>
> 根据契税法律制度的规定，下列各项中，应缴纳契税的是（　　　）。
> A. 承包者获得农村集体土地承包经营权
> B. 企业受让土地使用权
> C. 企业将厂房抵押给银行
> D. 个人承租居民住宅

2．契税的纳税人

契税的纳税人，是指在中华人民共和国境内转移土地、房屋权属的承受单位和个人。契税由权属的承受人缴纳。这里所说的"承受"，指以受让、购买、受赠、互换等方式取得土地、房屋权属的行为。

3．契税的税率

契税采用比例税率，并实行 3% ～ 5% 的幅度税率。

4．契税的税收优惠

有下列情形之一的，免征契税。

（1）国家机关、事业单位、社会团体、军事单位承受土地、房屋权属用于办公、教学、医疗、科研、军事设施。

（2）非营利性的学校、医疗机构、社会福利机构承受土地、房屋权属用于办公、教学、医疗、科研、养老、救助。

（3）承受荒山、荒地、荒滩土地使用权用于农、林、牧、渔业生产。

（4）婚姻关系存续期间夫妻之间变更土地、房屋权属。

（5）法定继承人通过继承承受土地、房屋权属。

（6）依照法律规定应当予以免税的外国驻华使馆、领事馆和国际组织驻华代表机构承受土地、房屋权属。

（二）契税应纳税额的计算

1．计税依据

按照土地、房屋权属转移的形式，定价方法的不同，契税的计税依据确定如下。

（1）土地使用权出让、出售，房屋买卖，为土地、房屋权属转移合同确定的成交价格为计税依据。

（2）土地使用权互换、房屋互换，以所互换的土地使用权、房屋价格的差额为计税依据。

（3）土地使用权赠与、房屋赠与以及其他没有价格的转移土地、房屋权属行为，计税依据为税务机关参照土地使用权出售、房屋买卖的市场价格依法核定的价格。

2．应纳税额的计算

契税应纳税额依照省、自治区、直辖市人民政府确定的适用税率和税法规

定的计税依据计算征收。其计算公式为

$$应纳税额 = 计税依据 \times 适用税率$$

【做中学6-6】林某有面积140平方米的住房一套，价值96万元。黄某有面积120平方米的住房一套，价值72万元。两人进行房屋互换，差价部分黄某以现金补偿林某。已知契税适用税率为3%，林某和黄某用来互换的住房均免征增值税。计算黄某应缴纳的契税税额。

解析： 土地使用权互换、房屋互换，计税依据为所互换土地使用权、房屋的"价格差额"；互换价格不相等的，由多交付货币的一方缴纳契税。

黄某应缴纳的契税税额 =（96-72）× 3%=0.72（万元）。

（三）契税征收管理

1. 纳税义务发生时间

契税的纳税义务发生时间，为纳税人签订土地、房屋权属转移合同的当日，或者纳税人取得其他具有土地、房屋权属转移合同性质凭证的当日。

2. 纳税期限

纳税人应当在依法办理土地、房屋权属登记手续前申报缴纳契税。

3. 纳税地点

契税实行属地征收管理。纳税人发生契税纳税义务时，应向土地、房屋所在地的税务机关申报纳税。

六、资源税*

（一）资源税的基本要素及税收优惠

资源税

资源税是对在中华人民共和国领域和管辖的其他海域开发应税资源的单位和个人征收的一种税。

1. 资源税的征税范围

现行资源税的征税范围是在中国境内开采的应税矿产品和生产的盐两大类。具体包括以下几种。

（1）能源矿产，包括原油，天然气、页岩气、天然气水合物，煤成（层）气，铀、钍，油页岩、油砂、天然沥青、石煤，地热。

（2）金属矿产，包括黑色金属和有色金属。

（3）非金属矿产，包括矿物类、岩石类和宝玉石类。

（4）水气矿产，包括二氧化碳气、硫化氢气、氦气、氡气和矿泉水。

（5）盐，包括钠盐、钾盐、镁盐、锂盐，天然卤水和海盐。

2. 资源税的纳税人

资源税的纳税人是指在中华人民共和国领域和管辖的其他海域开发应税资源的单位和个人。

> **试一试**
>
> 根据资源税法律制度的规定，下列各项中，属于资源税纳税人的有（　　　　）。
>
> A. 进口盐的外贸企业　　　　　　　B. 开采原煤的私营企业
>
> C. 销售食用盐的超市　　　　　　　D. 中外合作开采石油的企业

3. 资源税的税率

资源税税目税率如表6-4所示。

表6-4　资源税税目税率表

税目			征税对象	税率
一、能源矿产		原油	原矿	6%
		天然气、页岩气、天然气水合物	原矿	6%
		煤	原矿或者选矿	2%～10%
		煤成（层）气	原矿	1%～2%
		铀、钍	原矿	4%
		油页岩、油砂、天然沥青、石煤	原矿或者选矿	1%～4%
		地热	原矿	1%～20%或每平方米1～30元
二、金属矿产	黑色金属	铁、锰、铬、钒、钛	原矿或者选矿	1%～9%
	有色金属	铜、铅、锌、锡、镍、锑、镁、钴、铋、汞	原矿或者选矿	2%～10%
		铝土矿	原矿或者选矿	2%～9%
		钨	选矿	6.5%
		钼	选矿	8%
		金、银	原矿或者选矿	2%～6%
		铂、钯、钌、锇、铱、铑	原矿或者选矿	5%～10%
		轻稀土	选矿	7%～12%
		中重稀土	选矿	20%
		铍、锂、锆、锶、铷、铯、铌、钽、锗、镓、铟、铊、铪、铼、镉、硒、碲	原矿或者选矿	2%～10%

税目		征税对象	税率
三、非金属矿产	高岭土	原矿或者选矿	1%～6%
	石灰岩	原矿或者选矿	1%～6%或者每吨（或者每立方米）1～10元
	磷	原矿或者选矿	3%～8%
	石墨	原矿或者选矿	3%～12%
	萤石、硫铁矿、自然硫	原矿或者选矿	1%～8%
	矿物类：天然石英砂、脉石英、粉石英、水晶、工业用金刚石、冰洲石、蓝晶石、硅线石（矽线石）、长石、滑石、刚玉、菱镁矿、颜料矿物、天然碱、芒硝、钠硝石、明矾石、砷、硼、碘、溴、膨润土、硅藻土、陶瓷土、耐火黏土、铁矾土、凹凸棒石黏土、海泡石黏土、伊利石黏土、累托石黏土	原矿或者选矿	1%～12%
	叶蜡石、硅灰石、透辉石、珍珠岩、云母、沸石、重晶石、毒重石、方解石、蛭石、透闪石、工业用电气石、白垩、石棉、蓝石棉、红柱石、石榴子石、石膏	原矿或者选矿	2%～12%
	其他黏土（铸型用黏土、砖瓦用黏土、陶粒用黏土、水泥配料用红土、水泥配料用黄土、水泥配料用泥岩、保温材料用黏土）	原矿或者选矿	1%～5%或者每吨（或者每立方米）0.1～5元
	岩石类：大理岩、花岗岩、白云岩、石英岩、砂岩、辉绿岩、安山岩、闪长岩、板岩、玄武岩、片麻岩、角闪岩、页岩、浮石、凝灰岩、黑曜岩、霞石正长岩、蛇纹岩、麦饭石、泥灰岩、含钾岩石、含钾砂页岩、天然油石、橄榄岩、松脂岩、粗面岩、辉石岩、正长岩、火山灰、火山渣、泥炭	原矿或者选矿	1%～10%
	砂石	原矿或者选矿	1%～5%或者每吨（或者每立方米）0.1～5元
	宝玉石类：宝石、玉石、宝石级金刚石、玛瑙、黄玉、碧玺	原矿或者选矿	4%～20%

续表

税目		征税对象	税率
四、水气矿产	二氧化碳气、硫化氢气、氦气、氡气	原矿	2%～5%
	矿泉水	原矿	1%～20%或者每立方米1～30元
五、盐	钠盐、钾盐、镁盐、锂盐	选矿	3%～15%
	天然卤水	原矿	3%～15%或者每吨（或者每立方米）1～10元
	海盐		2%～5%

4. 资源税的税收优惠

有下列情形之一的，免征资源税。

（1）开采原油以及在油田范围内运输原油过程中用于加热的原油、天然气。

（2）煤炭开采企业因安全生产需要抽采的煤成（层）气。

（二）资源税应纳税额的计算

1. 计税依据

纳税人开采或生产应税产品的销售额或者销售数量是资源税的计税依据。

（1）销售额，为按照纳税人销售应税产品向购买方收取的全部价款，不包括增值税税款。

（2）销售数量，包括纳税人开采或者生产应税产品的实际销售数量和自用于应当缴纳资源税情形的应税产品数量。

2. 应纳税额的计算

资源税的应纳税额，按照从价定率或者从量定额的办法，分别以应税产品的销售额乘以纳税人具体适用的比例税率或者以应税产品的销售数量乘以纳税人具体适用的定额税率计算。计算公式为

$$应纳税额 ＝ 销售额 × 比例税率$$

或

$$应纳税额 ＝ 销售数量 × 定额税率$$

【做中学6-7】某油田为增值税一般纳税人，2023年3月生产原油5 000

吨，当月销售 3 000 吨，每吨不含税价为 2 000 元，开采过程中加热自用 100 吨。已知该油田原油适用的资源税税率为 6%。计算该油田 3 月应缴纳的资源税税额。

解析： 根据规定，开采原油过程中用于加热的原油，免征资源税。纳税人开采或者生产原油销售的，以销售额为计税依据。

应缴纳的资源税税额 =3 000×20 00×6%=360 000（元）。

（三）资源税征收管理

1. 纳税义务发生时间

纳税人销售应税产品的，纳税义务发生时间为收讫销售款或者取得索取销售款凭据的当日；纳税人自产自用应税产品的，纳税义务发生时间为移送应税产品的当日。

2. 纳税期限

资源税按月或者按季申报缴纳；不能按固定期限计算缴纳的，可以按次申报缴纳。

纳税人按月或者按季申报缴纳的，应当自月度或者季度终了之日起 15 日内，向税务机关办理纳税申报并缴纳税款；按次申报缴纳的，应当自纳税义务发生之日起 15 日内，向税务机关办理纳税申报并缴纳税款。

3. 纳税地点

纳税人应当向应税产品开采地或者生产地的税务机关申报缴纳资源税。

七、耕地占用税*

（一）耕地占用税的基本要素及税收优惠

耕地占用税

耕地占用税是为了合理利用土地资源，加强土地管理，保护耕地，对占用耕地建设建筑物、构筑物或者从事非农业建设的单位和个人征收的一种税。

1. 耕地占用税的征税范围

耕地占用税的征税范围包括纳税人为建设建筑物、构筑物或者从事非农业建设而占用的国家所有和集体所有的耕地。

2. 耕地占用税的纳税人

在中华人民共和国境内占用耕地建设建筑物、构筑物或者从事非农业建设的单位和个人，为耕地占用税的纳税人。

3. 耕地占用税的税率

耕地占用税实行定额税率，税率如表 6-5 所示。

表 6-5　耕地占用税税率表

级次	地区	税额/（元/平方米）
1	人均耕地不超过 1 亩（含 1 亩）的	10 ～ 50
2	人均耕地超过 1 亩但不超过 2 亩（含 2 亩）的	8 ～ 40
3	人均耕地超过 2 亩但不超过 3 亩（含 3 亩）的	6 ～ 30
4	人均耕地超过 3 亩的	5 ～ 25

4. 耕地占用税的税收优惠

下列情形可以减征或免征耕地占用税。

（1）军事设施、学校、幼儿园、社会福利机构、医疗机构占用耕地免征耕地占用税。

（2）铁路线路、公路线路、飞机场跑道、停机坪、港口、航道、水利工程占用耕地，减按每平方米 2 元的税额征收耕地占用税。

（3）农村居民在规定用地标准以内占用耕地新建自用住宅，按照当地适用税率减半征收耕地占用税；其中农村居民经批准搬迁，新建自用住宅占用耕地不超过原宅基地面积的部分，免征耕地占用税。

（4）农村烈士遗属、因公牺牲军人遗属、残疾军人以及符合农村最低生活保障条件的农村居民，在规定用地标准以内新建自用住宅，免征耕地占用税。

（二）耕地占用税应纳税额的计算

1. 计税依据

耕地占用税以纳税人实际占用的耕地面积为计税依据，按应税土地当地适用税额计税，实行一次性征收。

2. 应纳税额的计算

耕地占用税应纳税额的计算公式为

$$应纳税额 = 实际占用耕地面积（平方米）× 适用税率$$

【做中学 6-8】甲企业为增值税一般纳税人，2023 年 5 月经批准占用市郊区耕地 40 000 平方米用于建设新厂房。已知当地适用耕地占用税税率为 35 元/平方米。计算甲企业应缴纳耕地占用税税额。

解析： 应缴纳耕地占用税税额 =40 000×35=1 400 000（元）。

（三）耕地占用税征收管理

1. 纳税义务发生时间

耕地占用税的纳税义务发生时间为纳税人收到自然资源主管部门办理占用农用地手续书面通知的当日。纳税人应当自纳税义务发生之日起 30 日内申报缴纳耕地占用税。

2. 纳税期限

耕地占用税按照"先缴税后用地"的原则一次性征收。

3. 纳税地点

耕地占用税由耕地所在地税务机关负责征收。

八、车辆购置税*

车辆购置税

（一）车辆购置税的基本要素及税收优惠

车辆购置税是对在中国境内购置应税车辆的单位和个人征收的一种税。

1. 车辆购置税的征税范围

车辆购置税的征收范围包括汽车、有轨电车、汽车挂车、排气量超过 150 毫升的摩托车。

2. 车辆购置税的纳税人

在中华人民共和国境内购置征税范围规定车辆的单位和个人，为车辆购置税的纳税人。购置，包括购买、进口、自产、受赠、获奖或者以其他方式取得并自用应税车辆的行为。

3. 车辆购置税的税率

车辆购置税采用比例税率，税率为 10%。

4. 车辆购置税的税收优惠

下列车辆免征车辆购置税。

（1）依照法律规定应当予以免税的外国驻华使馆、领事馆和国际组织驻华机构及其有关人员自用的车辆。

（2）中国人民解放军和中国人民武装警察部队列入装备订货计划的车辆。

（3）悬挂应急救援专用号牌的国家综合性消防救援车辆。

（4）设有固定装置的非运输专用作业车辆。

（5）城市公交企业购置的公共汽电车辆。

（二）车辆购置税应纳税额的计算

1.计税依据

车辆购置税的计税价格根据不同情况，按照下列规定确定。

（1）纳税人购买自用应税车辆的计税价格，为纳税人实际支付给销售者的全部价款，不包括增值税税款。

（2）纳税人进口自用应税车辆的计税价格，为关税完税价格加上关税和消费税。计算公式为

$$计税价格 = 关税完税价格 + 关税 + 消费税$$

（3）纳税人自产自用应税车辆的计税价格，按照纳税人生产的同类应税车辆的销售价格确定，不包括增值税税款。

（4）纳税人以受赠、获奖或者其他方式取得自用应税车辆的计税价格，按照购置应税车辆时相关凭证载明的价格确定，不包括增值税税款。

2.应纳税额的计算

车辆购置税实行从价定率的办法计算应纳税额。应纳税额的计算公式为

$$应纳税额 = 计税价格 \times 税率$$

【做中学6-9】东风公司购置一辆小汽车自用，取得税控机动车销售统一发票注明金额20万元、税额2.6万元。已知车辆购置税税率为10%。计算东风公司应缴纳的车辆购置税税额。

解析： 应缴纳车辆购置税税额 =200 000×10%=20 000（元）。

（三）车辆购置税的征收管理

1.纳税义务发生时间

车辆购置税实行一次性征收。购置已征车辆购置税的车辆，不再征收车辆购置税。车辆购置税的纳税义务发生时间为纳税人购置应税车辆的当日。

2.纳税期限

纳税人应当在向公安机关交通管理部门办理车辆登记注册前，缴纳车辆购置税。纳税人自纳税义务发生之日起60日内申报缴纳车辆购置税。

3.纳税地点

纳税人购置应税车辆，应当向车辆登记地的主管税务机关申报纳税；购置

不需要办理车辆登记手续的应税车辆的，应当向纳税人所在地的主管税务机关申报缴纳车辆购置税。

九、土地增值税*

土地增值税

（一）土地增值税的基本要素

土地增值税是对转让国有土地使用权、地上建筑物及其附着物（简称转让房地产）并取得收入的单位和个人，就其转让房地产所取得的增值额征收的一种税。

1. 土地增值税的征税范围

凡转让国有土地使用权、地上的建筑物及其附着物并取得收入的行为，都属于土地增值税的征税范围。

2. 土地增值税的纳税人

转让国有土地使用权、地上的建筑物及其附着物（简称房地产）并取得收入的单位和个人，为土地增值税的纳税人。

试一试

下列单位或个人中，不属于土地增值税纳税人的是（　　　）。

A. 以房抵债的甲企业

B. 转让土地使用权的自然人王某

C. 出租写字楼的乙房地产开发公司

D. 转让国有土地使用权的某高等学校

---

3. 土地增值税的税率

土地增值税采用四级超率累进税率，税率如表 6-6 所示。

表 6-6　土地增值税四级超率累进税率表

级数	增值额与扣除项目金额的比例	税率 /%	速算扣除系数 /%
1	不超过 50% 的部分（含 50%）	30	0
2	超过 50%～100% 的部分（含 100%）	40	5
3	超过 100%～200% 的部分（含 200%）	50	15
4	超过 200% 的部分	60	35

（二）土地增值税应纳税额的计算

1. 计税依据

土地增值税的计税依据是纳税人转让房地产所取得的增值额。即纳税人转让房地产取得的应税收入减除法定的扣除项目金额后的余额。计算公式为

$$增值额 = 转让房地产所取得的应税收入 - 法定扣除项目金额$$

（1）转让房地产所取得的应税收入的确定。纳税人转让房地产取得的不含增值税的收入，应包括转让房地产的全部价款及有关的经济利益。

（2）扣除项目的确定。准予纳税人从转让收入额中减除的扣除项目包括以下6项。

① 取得土地使用权所支付的金额。

② 房地产开发成本。

③ 房地产开发费用。

④ 旧房及建筑物的评估价格。

⑤ 与转让房地产有关的税金。

⑥ 加计扣除金额，对从事房地产开发的纳税人可按取得土地使用权所支付的金额和房地产开发成本的金额之和，加计20%扣除。

2. 应纳税额的计算

计算土地增值税税额，可按增值额乘以适用的税率减去扣除项目金额乘以速算扣除系数的简便方法计算，具体公式有以下4个。

（1）增值额未超过扣除项目金额50%的，计算公式为

$$土地增值税税额 = 增值额 \times 30\%$$

（2）增值额超过扣除项目金额50%，未超过100%的，计算公式为

$$土地增值税税额 = 增值额 \times 40\% - 扣除项目金额 \times 5\%$$

（3）增值额超过扣除项目金额100%，未超过200%的，计算公式为

$$土地增值税税额 = 增值额 \times 50\% - 扣除项目金额 \times 15\%$$

（4）增值额超过扣除项目金额200%的，计算公式为

$$土地增值税税额 = 增值额 \times 60\% - 扣除项目金额 \times 35\%$$

【做中学6-10】甲房地产开发公司于2022年10月将一处写字楼整体转让给某单位，合同约定不含增值税的转让价为20 000万元，公司按税法规定缴纳城市维护建设税、教育费附加、地方教育附加共计100万元，印花税10万元。公司为取得土地使用权而支付的地价款和按国家统一规定缴纳的有关费用和税金为3 000万元；投入房地产开发成本为4 000万元；房地产开发费用中的利

息支出为 1 200 万元（不能按转让房地产项目计算分摊利息支出，也不能提供金融机构证明）。已知：该公司所在省人民政府规定的房地产开发费用的计算扣除比例为 10%。计算甲房地产开发公司转让该写字楼应缴纳的土地增值税税额。

　　解析： 根据房地产转让收入为 20 000 万元，取得土地使用权所支付的金额为 3 000 万元，房地产开发成本为 4 000 万元。

　　房地产开发费用为（3 000+4 000）×10%=700（万元）。

　　与转让房地产有关的税金为 100+10=110（万元）。

　　从事房地产开发的加计扣除为（3 000+4 000）×20%=1 400（万元）。

　　转让房地产的扣除项目金额为 3 000+4 000+700+110+1 400=9 210（万元）。

　　转让房地产的增值额为 20 000-9 210=10 790（万元）。

　　增值额与扣除项目金额的比例为 10 790÷9 210×100%=117.16%。

　　应缴纳的土地增值税税额为 10 790×50%-9 210×15%=4 013.5（万元）。

（三）土地增值税征收管理

1. 纳税期限

　　纳税人应当自转让房地产合同签订之日起 7 日内向房地产所在地主管税务机关办理纳税申报，并在税务机关核定的期限内缴纳土地增值税。

2. 纳税地点

　　土地增值税纳税人发生应税行为应向房地产所在地主管税务机关缴纳税款。

十、环境保护税*

（一）环境保护税的基本要素

环境保护税

　　环境保护税是为了保护和改善环境，减少污染物排放，推进生态文明建设而征收的一种税。

1. 环境保护税的征税范围

　　环境保护税的征收范围是《中华人民共和国环境保护法》所附《环境保护税税目税额表》和《应税污染物和当量值表》规定的大气污染物、水污染物、固体废物和噪声等应税污染物。

2. 环境保护税的纳税人

　　在中华人民共和国领域和管辖的其他海域，直接向环境排放应税污染物的企事业单位和其他生产经营者为环境保护税的纳税人。

3. 环境保护税的税率

环境保护税实行定额税率。现行环境保护税税目税额如表 6-7 所示。

表 6-7　环境保护税税目税额表

税目		计税单位	税额 / 元	备注
大气污染物		每污染当量	1.2 ～ 12	—
水污染物		每污染当量	1.4 ～ 14	
固体废物	煤矸石	每吨	5	—
	尾矿	每吨	15	—
	危险废物	每吨	1 000	—
	冶炼渣、粉煤灰、炉渣、其他固体废物（含半固态、液态废物）	每吨	25	—
噪声	工业噪声	超标 1 ～ 3 分贝	每月 350	1. 一个单位边界上有多处噪声超标，根据最高一处超标声级计算应纳税额；当沿边界长度超过 100 米且有两处以上噪声超标，按照两个单位计算应纳税额； 2. 一个单位有不同地点作业场所的，应当分别计算应纳税额，合并计征； 3. 昼、夜均超标的环境噪声，昼、夜分别计算应纳税额，累计计征； 4. 声源一个月内超标不足 15 天的，减半计算应纳税额； 5. 夜间频繁突发和夜间偶然突发厂界超标噪声，按等效声级和峰值噪声两种指标中超标分贝值高的一项计算应纳税额
		超标 4 ～ 6 分贝	每月 700	
		超标 7 ～ 9 分贝	每月 1 400	
		超标 10 ～ 12 分贝	每月 2 800	
		超标 13 ～ 15 分贝	每月 5 600	
		超标 16 分贝以上	每月 11 200	

（二）环境保护税应纳税额的计算

1. 计税依据

应税污染物的计税依据，按照下列方法确定。

（1）应税大气污染物按照污染物排放量折合的污染当量数确定。

（2）应税水污染物按照污染物排放量折合的污染当量数确定。

（3）应税固体废物按照固体废物的排放量确定。

（4）应税噪声按照超过国家规定标准的分贝数确定。

2. 应纳税额的计算

环境保护税实行从量定额的办法计算应纳税额。应纳税额的计算公式如下。

（1）应税大气污染物。

$$应纳税额 = 污染当量数 × 具体适用税额$$

（2）应税水污染物。

$$应纳税额 = 污染当量数 × 具体适用税额$$

（3）应税固体废物。

$$应纳税额 = 固体废物排放量 × 具体适用税额$$

（4）应税噪声。

$$应纳税额 = 超过国家规定标准的分贝数对应的具体适用税额$$

【做中学 6-11】甲煤矿为增值税一般纳税人，2023 年 3 月采煤过程中产生煤矸石 1 000 吨，其中综合利用煤矸石 500 吨（符合国家相关规定），在符合国家和地方环境保护标准的设施处置煤矸石 120 吨，在符合国家和地方环境保护标准的场所贮存 180 吨。煤矸石环境保护税适用税额为 5 元 / 吨。计算甲煤矿当月应缴纳环境保护税税额。

解析： 应税固体废物的计税依据为固体废物的排放量。应税固体废物的排放量为当期应税固体废物的产生量减去当期应税固体废物贮存量、处置量、综合利用量的余额。

煤矸石排放量 =1 000-500-120-180=200（吨）。

应缴纳环境保护税税额 =200×5=1 000（元）。

（三）环境保护税征收管理

1. 纳税义务发生时间

环境保护税的纳税义务发生时间为纳税人排放应税污染物的当日。

2. 纳税期限

环境保护税按月计算，按季申报缴纳。不能按固定期限计算缴纳的，可以按次申报缴纳。

纳税人按季申报缴纳的，应当自季度终了之日起15日内，向税务机关办理纳税申报并缴纳税款。纳税人按次申报缴纳的，应当自纳税义务发生之日起15日内，向税务机关办理纳税申报并缴纳税款。

3．纳税地点

纳税人应当向应税污染物排放地的税务机关申报缴纳环境保护税。

十一、关税*

关税

（一）关税的基本要素及税收优惠

关税是海关依法对进出关境的货物和物品征收的一种税。

1．关税的征税对象

关税的征税对象是进出境的货物和物品。

2．关税的纳税人

进口货物的收货人、出口货物的发货人、进出境物品的所有人，是关税的纳税人。

3．关税的税率

关税的税率分为进口税率和出口税率两种。

（1）进口税率。进口税率又分为普通税率、最惠国税率、协定税率、特惠税率、关税配额税率和暂定税率。

（2）出口税率。我国对绝大部分出口货物不征收出口关税，只对少数货物和物品征收出口关税。

4．关税的税收优惠

对有下述情况的货物，经海关审查无误后可以免征关税。

（1）关税税额在人民币50元以下的一票货物。

（2）无商业价值的广告品和货样。

（3）国际组织、外国政府无偿赠送的物资。

（4）进出境运输工具装载的途中必需的燃料、物料和饮食用品。

（5）因故退还的中国出口货物，可以免征进口关税，但已征收的出口关税，不予退还。

（6）因故退还的境外进口货物，可以免征出口关税，但已征收的进口关税，不予退还。

（二）关税应纳税额的计算

进出口货物关税，以从价计征、从量计征或者国家规定的其他方式征收。从价计征的计算公式为

$$应纳税额 = 完税价格 \times 关税税率$$

从量计征的计算公式为

$$应纳税额 = 货物数量 \times 单位税额$$

1. 进口关税的计算

（1）进口货物完税价格的确定。

进口货物完税价格是进口关税的计税基础。

① 以成交价格为基础的完税价格。进口货物的完税价格以成交价格以及该货物运抵中华人民共和国境内输入地点起卸前的运输及其相关费用、保险费为基础审查确定。

② 进口货物海关估价方法。进口货物的价格不符合成交价格条件或者成交价格不能确定的，海关应当依次以相同货物成交价格法、类似货物成交价格法、倒扣价格法、计算价格法以及其他合理方法确定的价格为基础，估定完税价格。

（2）应纳税额的计算。

进口货物的应纳关税税额是由进口货物的完税价格和进口关税税率确定的，其计算公式为

$$进口货物的应纳关税税额 = 进口货物的完税价格 \times 进口关税税率$$

【做中学6-12】甲企业进口一批商品，支付境外的买价215万元，支付境外的经纪费5万元，支付运抵我国海关地起卸前的运输费18万元，保险费和装卸费12万元，支付海关地再运往甲企业的运输费用6万元，装卸费和保险费2万元。已知该批商品关税税率为10%。计算甲企业在进口环节应缴纳的关税税额。

解析： 进口货物的完税价格由成交价格以及该货物运抵我国境内输入地点起卸前的运费及其相关费用、保险费等组成。海关地再运往该企业的各项费用不得计算在内。

应缴纳关税税额 =（215+5+18+12）× 10%=25（万元）。

2. 出口关税的计算

（1）出口货物完税价格的确定。

出口货物完税价格是出口关税的计税基础。

① 以成交价格为基础的完税价格。出口货物的完税价格由海关以该货物的

成交价格以及该货物运至境内输出地点装载前的运输费、保险费及其相关费用为基础审查确定。但出口关税不计入完税价格。其计算公式为

$$出口货物的完税价格 = 离岸价格 ÷ （1+ 出口关税税率）$$

离岸价格不包含离境口岸至境外口岸之间的运输费、保险费。

②出口货物海关估价方法。出口货物的成交价格不能确定时，完税价格由海关估定。

（2）应纳税额的计算。

出口货物关税税额是由出口货物的完税价格和出口关税税率确定的，其计算公式为

$$出口货物的应纳关税税额 = 出口货物的完税价格 × 出口关税税率$$

【做中学 6-13】甲外贸企业出口产品一批，海关审定的离岸价格为 220 万元。已知关税税率为 10%。计算甲外贸企业应缴纳出口关税税额。

解析：完税价格 =220÷（1+10%）=200（万元）。

应缴纳出口关税税额 =200×10%=20（万元）。

（三）关税征收管理

1. 纳税义务发生时间

进口货物的纳税人应当自运输工具申报进境之日起 14 日内，向货物的入境地海关申报；出口货物的纳税人除海关特准的外，应当在货物运抵海关监管区后、装货的 24 小时以前，向货物的出境地海关申报。

2. 纳税期限

纳税人应当自海关填发税款缴款书之日起 15 日内向指定银行缴纳税款。

3. 纳税地点

为方便纳税人，经申请和海关同意，进（出）口货物的纳税人可以在设有海关的指定地（启运地）办理海关申报、纳税手续。

十二、财产和行为税的核算处理

（一）科目设置

企业应在"应交税费"科目下设置"应交房产税""应交车船税""应交城镇土地使用税""应交印花税"等明细科目进行财产和行为税的会计核算。

财产和行为税的
核算

（二）主要账务处理

（1）企业在计提财产和行为税时，借记"税金及附加"，贷记"应交税费——应交房产税""应交税费——应交车船税""应交税费——应交城镇土地使用税""应交税费——应交印花税"等科目。

（2）企业交纳财产和行为税时，借记"应交税费——应交房产税""应交税费——应交车船税""应交税费——应交城镇土地使用税""应交税费——应交印花税"等科目，贷记"银行存款"。

学习子情境二　财产和行为税的智能申报

　　李华在完成财产和行为税"识税和算税"情境的学习后，已经能根据武汉双木筷子制造有限公司会计资料计算出该公司2023年度第一季度应缴纳的财产和行为税税额并进行会计核算。在王丽丽的指导下，李华开启了财产和行为税"报税"情境的学习。

👤 一、申报资料

　　武汉双木筷子制造有限公司（纳税人识别号：914201********381K）为增值税一般纳税人，2023年年初房产原值共计3 800万元。实际占用土地面积为30 000平方米。2023年第一季度房产原值和实际使用的土地面积均未发生增减变动。该公司所在省规定房产税和城镇土地使用税均按年计征、按季缴纳；计算房产余值的扣除比例为30%，房产税税率为1.2%，城镇土地使用税税率为2元/平方米。

　　要求：完成武汉双木筷子制造有限公司2023年第一季度房产税和城镇土地使用税的纳税申报。

财产和行为税的
智能申报

👤 二、智能纳税申报

1. 智能申报工作流程

财产和行为税智能申报工作流程如下。

第一步，办税员整理和准备报税资料。

第二步，办税员依法向国家税务总局电子税务局申报财产和行为税，填写财产和行为税纳税申报表及附表，完成申报并缴纳税款。

第三步，申报完成并成功缴款后，系统会自动将缴款凭证推送至财务云共享中心，票据管理员查看凭证并对凭证进行归类，保存后系统会自动生成缴纳财产和行为税的记账凭证。

第四步，财务主管对自动生成的缴纳财产和行为税的记账凭证进行审核，审核完毕后系统自动生成"应交税费——应交房产税""应交税费——应交车船税""应交税费——应交城镇土地使用税""应交税费——应交印花税"等明细账。

2. 申报表的填制

自 2021 年 6 月 1 日起，纳税人申报缴纳城镇土地使用税、房产税、车船税、印花税、耕地占用税、资源税、土地增值税、契税、环境保护税、烟叶税等 10 个税种中的一个或多个税种时，使用《财产和行为税纳税申报表》和《财产和行为税减免税明细申报附表》。武汉双木筷子制造有限公司 2023 年第一季度房产税和城镇土地使用税的纳税申报表（即财产和行为税纳税申报表）如表 6-8 所示。

表 6-8 财产和行为税纳税申报表

纳税人识别号（统一社会信用代码）：914201********381K
纳税人名称：武汉双木筷子制造有限公司　　　　　　　金额单位：元（列至角、分）

序号	税种	税目	税款所属期起	税款所属期止	计税依据	税率	应纳税额	减免税额	已缴税额	应补（退）税额
1	房产税		2023-01-01	2023-03-31	26 600 000.00	1.2%	79 800.00			79 800.00
2	城镇土地使用税		2023-01-01	2023-03-31	30 000 m^2	2 元 /m^2	15 000.00			15 000.00
3										
4										
5										
6										
7										
8										
9										
10										
11	合计						94 800.00			94 800.00

声明：此表是根据国家税收法律法规及相关规定填写的，本人（单位）对填报内容（及附带资料）的真实性、可靠性、完整性负责。

纳税人（签章）：　年　月　日

经办人：
经办人身份证号：
代理机构签章：
代理机构统一社会信用代码：

受理人：
受理税务机关（章）：
受理日期：　　年　月　　日

知识结构图

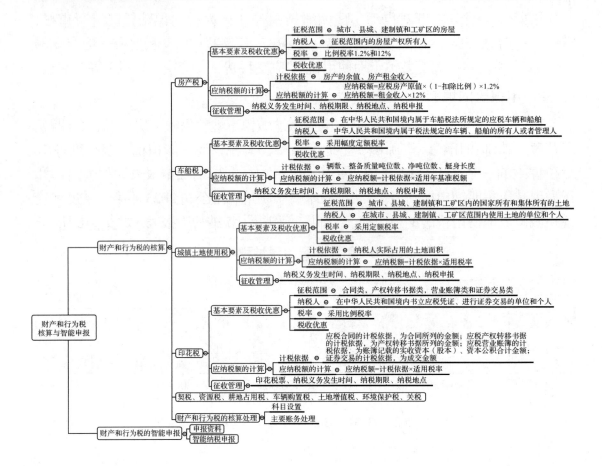

课后练习

（一）单项选择题

1. 根据房产税法律制度的规定，下列房产中，不属于房产税征税范围的是（　　）。

  A. 位于市区的企业办公楼   B. 位于县城的商贸大楼

  C. 位于在建制镇的酒店用房   D. 位于农村的仓储中心用房

2. 根据车船税法律制度的规定，下列车船中，以辆数为车船税计税依据的是（　　）。

  A. 商用货车   B. 商用客车

  C. 专用作业车   D. 轮式专用机械车

3. 根据城镇土地使用税法律制度的规定，下列各项中，属于城镇土地使用税计税依据的是（   ）。

    A. 自用的土地面积   B. 拥有的土地面积

    C. 实际占用的土地面积   D. 租用的土地面积

4. 根据印花税法律制度的规定，下列各项中，属于印花税纳税人的是（   ）。

    A. 合同的签订人   B. 合同的担保人

    C. 合同的代理人   D. 合同的鉴定人

5. 根据契税法律制度的规定，下列单位或个人中，属于契税纳税人的是（   ）。

    A. 销售商品房的甲房地产开发公司

    B. 出租仓库的乙商贸公司

    C. 转让土地使用权的自然人王某

    D. 受赠房屋权属的自然人李某

6. 根据资源税法律制度的规定，下列原油中，免征资源税的是（   ）。

    A. 开采原油过程中用于加热修井的原油

    B. 开采后用于基建部门的原油

    C. 开采后用于出口的原油

    D. 开采后用于销售的原油

7. 根据耕地占用税法律制度的规定，下列耕地中，免征耕地占用税的是（   ）。

    A. 医疗机构内职工住房占用的耕地

    B. 公路线路占用的耕地

    C. 铁路线路占用的耕地

    D. 军事设施占用的耕地

8. 甲公司进口一辆气缸容量为 2.0L 的小汽车自用，海关核定的关税完税价格为 50 万元，进口环节缴纳关税 7 万元、消费税 3 万元、增值税 7.8 万元。已知车辆购置税税率为 10%。甲公司进口自用小汽车应缴纳车辆购置税税额为（   ）万元。

    A. 5   B. 5.7   C. 6   D. 6.78

9. 根据土地增值税法律制度的规定，下列各项中，属于土地增值税计税依据的是（   ）。

    A. 销售收入   B. 增值额   C. 会计利润   D. 扣除项目金额

10. 根据环境保护税法律制度的规定，下列各项中，不属于环境保护税征税范围的是（　　）。

    A. 工业噪声污染　　　　　　　　B. 光源污染

    C. 水污染物　　　　　　　　　　D. 大气污染物

11. 根据关税法律制度的规定，纳税人或他们的代理人应在海关填发税款缴款书之日一定期限内向指定银行缴纳税款。该期限为（　　）。

    A. 15 日　　　　B. 20 日　　　　C. 25 日　　　　D. 30 日

（二）多项选择题

1. 根据房产税法律制度的规定，下列各项中，符合房产税纳税义务发生时间规定的有（　　）。

    A. 纳税人购置新建商品房的，自房屋交付使用之次月起缴纳房产税

    B. 纳税人委托施工企业建设房屋的，自建成之次月起缴纳房产税

    C. 纳税人将原有房产用于生产经营的，自生产经营之次月起缴纳房产税

    D. 纳税人购置存量房的，自房地产权属登记机关签发房屋权属证书之次月起缴纳房产税

2. 根据车船税法律制度的规定，下列车船中，免征车船税的有（　　）。

    A. 专项作业车　　　　　　　　　B. 警用车船

    C. 非机动驳船　　　　　　　　　D. 捕捞、养殖渔船

3. 根据城镇土地使用税法律制度的规定，下列土地中，免征城镇土地使用税的有（　　）。

    A. 企业生产区用地　　　　　　　B. 国家机关自用的土地

    C. 名胜古迹自用的土地　　　　　D. 市政街道公共用地

4. 根据印花税法律制度的规定，下列关于印花税计税依据的表述中，正确的有（　　）。

    A. 运输合同的计税依据为合同所列的运输费用

    B. 租赁合同的计税依据为合同所列的租金

    C. 保管合同的计税依据为合同所列需保管货物的金额

    D. 建设工程合同的计税依据为合同所列的支付价款

5. 根据契税法律制度的规定，下列情形中，应缴纳契税的有（　　）。

    A. 承包者获得农村集体土地承包经营权

    B. 企业受赠房屋权属

    C. 企业将厂房抵押给银行

    D. 个人购买居民住宅

6. 根据资源税法律制度的规定，纳税人自采应税矿产品的下列用途中，应当征收资源税的有（　　）。

　　A. 用于出口　　　　　　　　B. 用于销售

　　C. 用于对外赠送　　　　　　D. 用于职工福利

7. 根据耕地占用税法律制度的规定，下列各项中，不属于耕地占用税征税范围的有（　　）。

　　A. 占用耕地种植中药材　　　B. 占用园地种植茶叶

　　C. 占用草地养殖牛羊　　　　D. 占用耕地建造住宅

8. 根据车辆购置税法律制度的规定，下列各项中，属于车辆购置税应税行为的有（　　）。

　　A. 自产应税车辆自用　　　　B. 进口应税车辆自用

　　C. 受赠应税车辆自用　　　　D. 获奖应税车辆自用

9. 根据土地增值税法律制度的规定，下列各项中，属于土地增值税纳税人的有（　　）。

　　A. 出租住房的李某　　　　　B. 出售写字楼的甲公司

　　C. 出售商铺的王某　　　　　D. 转让国有土地使用权的乙公司

10. 根据环境保护税法律制度的规定，下列关于环境保护税计税依据的表述中，正确的有（　　）。

　　A. 应税大气污染物按照污染物排放量折合的污染当量数确定

　　B. 应税水污染物按照污染物排放量折合的污染当量数确定

　　C. 应税固体废物按照固体废物的排放量确定

　　D. 应税噪声按照超过国家规定标准的分贝数确定

11. 根据关税法律制度的规定，下列各项中，属于关税纳税人的有（　　）。

　　A. 进口货物的收货人　　　　B. 出口货物的发货人

　　C. 进境物品的携带人　　　　D. 个人邮递物品的发件人

（三）判断题

1. 房产税从价计征时，计税依据是房产的原值。　　　　　　　　（　　）

2. 纳税人购置的游艇以购置价格为计税依据计征车船税。　　　　（　　）

3. 纳税人新征用的耕地，自批准征用次月起缴纳城镇土地使用税。

　　　　　　　　　　　　　　　　　　　　　　　　　　　　　（　　）

4. 证券交易印花税对证券交易的出让方征收，不对受让方征收。（　　）

5. 以获奖方式承受房屋权属的，视同房屋赠与征收契税。　　　　（　　）

6. 纳税人自产自用应税产品的，资源税纳税义务发生时间为移送应税产品的当日。　　　　　　　　　　　　　　　　　　　　　　　（　　　）

7. 学校、幼儿园、养老院、医院占用耕地免征耕地占用税。　（　　　）

8. 购置已征车辆购置税的车辆，不再征收车辆购置税。　（　　　）

9. 土地增值税的计税依据是纳税人转让房地产所取得的增值额。（　　　）

10. 环境保护税的纳税义务发生时间为纳税人排放应税污染物的次日。

　　　　　　　　　　　　　　　　　　　　　　　　　　　（　　　）

11. 关税税额在人民币 50 元以下的一票货物，经海关审查无误后可以免税。　　　　　　　　　　　　　　　　　　　　　　　　　（　　　）

（四）实训题

实训目的：印花税的计算与申报。

实训资料：甲企业为增值税一般纳税人，2022 年 3 月与乙企业订立转移专用技术使用权书据 1 件，所载金额 200 万元；订立借款合同 1 份，所载金额 400 万元；订立买卖合同 1 份，所载金额 260 万元。

已知：产权转移书据印花税税率为 3‰，借款合同印花税税率为 0.5‰，买卖合同印花税税率为 3‰。

实训要求：计算甲企业 2022 年 3 月应缴纳印花税税额，并完成纳税申报。

（五）素质案例分析题

【案例资料】

关税具有保障国家财政收入、调节社会经济活动和对外经济贸易中保护本国经济利益的功能。新中国成立以来，中国海关充分运用征、减、免、退等关税手段，为国家经济发展建设做出了巨大贡献。经过改革开放 40 多年的发展，我国社会生产力、综合国力、人民生活水平实现了历史性跨越，人民对美好生活的向往更加强烈。为促进消费水平升级，更好地满足人民日益增长的美好生活需要，海关不断完善关税制度，优化税则体系，落实扩大消费品进口举措。近年来，我国已实现多次降低服装、箱包、鞋靴、特色食品和药品等消费品的进口关税。

我国加入世界贸易组织以来，积极推进和贸易伙伴之间的制度性合作建设，把签署自贸协定上升为对外开放的国家战略。截至 2018 年年底，中国已对外签署自由贸易协定和区域贸易协定 18 个，双边或多边互相给予进出口商品关税优惠，实现经济发展互利互赢，国际"朋友圈"不断扩大，中国给予最不发达国家的零关税待遇惠及 42 个国家或地区，彰显了中国的国际担当。我国企业也积极利用自贸协定优惠措施，享受到了实实在在的好处。

为支持"一带一路"和自由贸易区建设，根据我国与有关国家或地区签署并生效的贸易协定或关税优惠安排，2019 年我国对 16 个协定、23 个国家或地区实施协定税率。

【案例解读与思考】

从加入世界贸易组织到如今共建"一带一路"，中国开放胸襟、拥抱世界，为促进世界经济贸易发展、增进全球福祉做出了重大贡献，成为世界经济的主要稳定器和动力源。海关关税的发展变迁，见证了中国对外贸易从小到大，从弱到强的辉煌历程。随着我国深入参与和推动经济全球化进程，更加全面、更高层次的开放型经济新格局的形成，中国对外开放的大门越开越大。

机遇与挑战并存。前进的道路上并不总是开满鲜花，还会有荆棘。贸易摩擦、经济安全是我国前进道路上不得不应对的挑战。对此，我们要有规则意识和经济安全的防范意识。结合实际，认真思考如何应对这些挑战，这有助于增强我们积极参与社会主义建设的本领，增强我们的责任感和使命感。

思考：针对经济全球化深入发展的新形势下所面临的机遇与挑战，提出合理的建议、对策。

学习情境七

社保金及住房公积金核算与智能申报

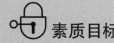 **素质目标**

    1 培养学生爱岗敬业、诚实守信的职业道德

    2 培养学生遵纪守法、诚信纳税的意识

    3 培养学生团队协助、团队互助的意识

    4 培养学生一丝不苟的职业情怀

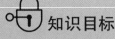 **知识目标**

    1 掌握社保金及住房公积金的含义

    2 掌握社保金及住房公积金的计算及会计核算

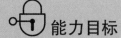 **能力目标**

    1 会计算社保金及住房公积金并进行会计核算

    2 能完成社保金及住房公积金的申报事宜

学习子情境一 认识社保金及住房公积金

第7个学习情境是社保金及住房公积金核算与智能申报。李华分"认识社保金及住房公积金""社保金及住房公积金的核算""社保金及住房公积金的智能申报"3个子情境展开学习。首先要学习的是何为社会保险金和住房公积金？社会保险包括哪些项目？每个项目的含义又是什么？

社会保险，是指国家依法建立的，由国家、用人单位和个人共同筹集资金、建立基金，使个人在年老（退休）、患病、工伤（因工伤残或者患职业病）、失业、生育等情况下获得物质帮助和补偿的一种社会保障制度。目前我国的社会保险项目主要有基本养老保险、基本医疗保险、工伤保险、失业保险和生育保险（现与基本医疗保险合并实施）。住房公积金制度是一种社会性、互助性、政策性的住房社会保障制度，有利于筹集、融通住房资金，大大提高了职工的商品房购买能力。

认识社保金及住房公积金

一、基本养老保险

（一）基本养老保险的含义

基本养老保险制度，是指缴费达到法定期限并且个人达到法定退休年龄后，国家和社会提供物质帮助以保证因年老而退出劳动领域者稳定、可靠的生活来源的社会保险制度。

基本养老保险制度包括城乡居民基本养老保险制度和职工基本养老保险制度。除特别说明外，本书所述基本养老保险均指职工基本养老保险。

（二）职工基本养老保险

职工基本养老保险的征缴范围包括国有企业、城镇集体企业、外商投资企业、城镇私营企业和其他城镇企业及其职工，实行企业化管理的事业单位及其职工。

无雇工的个体工商户、未在用人单位参加基本养老保险的非全日制从业人员以及其他灵活就业人员参加基本养老保险，由个人缴纳基本养老保险费。

二、基本医疗保险

（一）基本医疗保险的含义

基本医疗保险制度，是指按照国家规定缴纳一定比例的医疗保险费，参保人因患病或意外伤害而就医诊疗，由医疗保险基金支付其一定医疗费用的社会保险制度。

2019 年 3 月 6 日，国务院办公厅印发了《关于全面推进生育保险和职工基本医疗保险合并实施的意见》，全面推进两项保险合并实施。本书不单独介绍生育保险。

（二）职工基本医疗保险

职工基本医疗保险费的征缴范围包括国有企业、城镇集体企业、外商投资企业、城镇私营企业和其他城镇企业及其职工，国家机关及其工作人员，事业单位及其职工，民办非企业单位及其职工，社会团体及其专职人员。

无雇工的个体工商户、未在用人单位参加职工基本医疗保险的非全日制从业人员以及其他灵活就业人员可以参加职工基本医疗保险，由个人按照国家规定缴纳基本医疗保险费。

三、工伤保险

工伤保险，是指劳动者在工作中或在规定的特殊情况下，遭受意外伤害或患职业病导致暂时或永久丧失劳动能力以及死亡时，劳动者或其遗属从国家和社会获得物质帮助的一种社会保险制度。中华人民共和国境内的企业、事业单位、社会团体、民办非企业单位、基金会、律师事务所、会计师事务所等组织和有雇工的个体工商户应当依照规定参加工伤保险，为本单位全部职工或者雇工缴纳工伤保险费。

四、失业保险

失业是指处于法定年龄阶段的劳动者，有劳动能力和劳动愿望，但却没有劳动岗位的一种状态。失业保险是指国家通过立法强制实行的，由用人单位、职工个人缴费及国家财政补贴等渠道筹集资金建立失业保险基金，对因失业而暂时中断生活来源的劳动者提供物质帮助以保障其基本生活，并通过专业训练、职业介绍等手段为其再就业创造条件的制度。失业保险费的征缴范围包括国有企业、城镇集体企业、外商投资企业、城镇私营企业和其他城镇企业及其职工，事业单位及其职工。

五、住房公积金

住房公积金，是指国家机关、国有企业、城镇集体企业、外商投资企业、城镇私营企业及其他城镇企业、事业单位、民办非企业单位、社会团体及其在职职工缴存的长期住房储金。

住房公积金包含以下 5 个特点。

（1）住房公积金只在城镇建立，农村不建立住房公积金制度。

（2）只有在职职工才建立住房公积金制度。无工作的城镇居民、离退休职工不实行住房公积金制度。

（3）住房公积金由两部分组成，一部分由职工所在单位缴存，另一部分由职工个人缴存。

（4）住房公积金缴存存在长期性。住房公积金制度一经建立，职工在职期间必须不间断地按规定缴存，除职工离退休或发生《住房公积金管理条例》规定的其他情形外，不得中止和中断。

（5）住房公积金是职工按规定存储起来的专门用于住房消费支出的个人住房储金，具有积累性和专用性的特征。

学习子情境二　社保金及住房公积金的核算

　　李华在掌握了社保金及住房公积金基础知识后，进入了"社保金及住房公积金的核算"情境的学习。企业如何计算应缴纳的职工基本养老费、基本医疗保险费、工伤保险费、失业保险费以及住房公积金呢？单位缴费和个人缴费计算比例有何不同？社保金及住房公积金如何进行会计核算？围绕这些问题，李华开启了对社保金及住房公积金计算和会计核算的学习。

一、社保金及住房公积金的计算

（一）职工基本养老保险费的计算

职工应当参加基本养老保险，由用人单位和职工共同缴纳基本养老保险费。

社保金及住房
公积金的计算

1. 单位缴费的计算

自 2019 年 5 月 1 日起，降低城镇职工基本养老保险（包括企业和机关事业单位基本养老保险）单位缴费比例。各省、自治区、直辖市及新疆生产建设兵团养老保险单位缴费比例高于 16% 的，可降至 16%；目前低于 16% 的，要研究提出过渡办法。

2. 个人缴费的计算

按照现行政策，职工个人按照本人缴费工资的 8% 缴费，记入个人账户。缴费工资，也称缴费工资基数，一般为职工本人上一年度月平均工资（有条件的地区也可以本人上月工资收入为个人缴费工资基数）。

本人月平均工资低于当地职工月平均工资 60% 的，按当地职工月平均工资的 60% 作为缴费基数。本人月平均工资高于当地职工月平均工资 300% 的，按当地职工月平均工资的 300% 作为缴费基数，超过部分不计入缴费工资基数，也不计入计发养老金的基数。

【做中学 7-1】甲公司职工李某已参加职工基本养老保险，2022 年度月平均工资为 15 000 元。已知甲公司所在地职工 2022 年度月平均工资为 4 000 元、月最低工资标准为 2 000 元。计算李某 2023 年度每月应缴纳的基本养老保险费。

解析： 当地职工月平均工资的 3 倍为 12 000 元。

李某 2023 年度每月应缴纳的基本养老保险费数额 =12 000×8%=960（元）。

（二）职工基本医疗保险费的计算

职工应当参加职工基本医疗保险，由用人单位和职工按照国家规定共同缴纳基本医疗保险费。

1. 单位缴费的计算

由统筹地区统一确定适合当地经济发展水平的基本医疗保险单位缴费率，一般为职工工资总额的 6% 左右。用人单位缴纳的基本医疗保险费分为两部分，一部分用于建立统筹基金，另一部分划入个人账户。

2. 个人缴费的计算

个人缴费部分，由统筹地区统一确定适合当地职工负担水平的基本医疗保险个人缴费率，一般为本人工资收入的 2%。

用人单位缴费的划入部分，由统筹地区根据个人医疗账户的支付范围和职工年龄等因素确定用人单位所缴医疗保险费划入个人医疗账户的具体比例，一般为 30% 左右。

【做中学 7-2】甲公司职工王某已参加职工基本医疗保险，月缴费工资为 6 000 元。已知当地规定的基本医疗保险单位缴费费率为 6%，个人缴费费率为 2%，单位缴费划入个人医疗保险账户的比例为 30%。计算王某个人医疗保险

账户每月储存额。

　　解析： 王某每月从工资中扣除120元（6 000×2%）存入个人医疗保险账户。

　　单位每月缴费中转入王某个人账户额=6 000×6%×30%=108（元）。

　　王某个人医疗保险账户每月的储存额=120+108=228（元）。

（三）工伤保险费的计算

　　职工应当参加工伤保险，由用人单位缴纳工伤保险费，职工不缴纳工伤保险费。

　　用人单位应当按照本单位职工工资总额，根据社会保险经办机构确定的费率按时足额缴纳工伤保险费。用人单位缴纳工伤保险费的数额为本单位职工工资总额乘以单位缴费费率之积。

（四）失业保险费的计算

　　职工应当参加失业保险，由用人单位和职工按照国家规定共同缴纳失业保险费。

　　根据《失业保险条例》的规定,城镇企业事业单位按照本单位工资总额的2%缴纳失业保险费，职工按照本人工资的1%缴纳失业保险费。为减轻企业负担，促进扩大就业，人力资源和社会保障部、财政部数次发文降低失业保险费费率，将用人单位和职工失业保险缴费比例总和从3%阶段性降至1%，个人费率不得超过单位费率。

（五）住房公积金的计算

　　职工个人缴存的住房公积金和职工所在单位为职工缴存的住房公积金，属于职工个人所有。

　　职工住房公积金的月缴存额为职工本人上一年度月平均工资乘以职工住房公积金缴存比例。单位为职工缴存的住房公积金的月缴存额为职工本人上一年度月平均工资乘以单位住房公积金缴存比例。住房公积金年度缴存比例为5%～12%。

👤 二、社保金及住房公积金的核算处理

（一）科目设置

　　企业应在"应付职工薪酬"科目下设置"社会保险费""设

社保金及住房
公积金的核算

定提存计划"和"住房公积金"三个明细科目进行社保金及住房公积金的会计核算。其中"应付职工薪酬——社会保险费"用来核算企业为职工缴纳的基本医疗保险费、工伤保险费；"应付职工薪酬——设定提存计划"用来核算企业为职工缴纳的基本养老保险费和失业保险费；"应付职工薪酬——住房公积金"用来核算企业为职工缴纳的住房公积金。

（二）主要账务处理

（1）企业计提社保金及住房公积金时，应根据职工提供服务的受益对象，借记"生产成本、制造费用、管理费用、销售费用"，贷记"应付职工薪酬——社会保险费、设定提存计划、住房公积金"。

（2）企业缴纳社保金时，属于职工个人负担的部分，借记"应付职工薪酬——工资"，属于企业负担的社保金部分，借记"应付职工薪酬——社会保险费、设定提存计划"，贷记"银行存款"。

（3）企业缴纳住房公积金时，属于职工个人负担的部分，借记"应付职工薪酬——工资"，属于企业负担的部分，借记"应付职工薪酬——住房公积金"，贷记"银行存款"。

学习子情境三 社保金及住房公积金的智能申报

李华在掌握了社保金及住房公积金的核算后，已经能根据武汉双木筷子制造有限公司会计资料计算出该公司3月份员工应缴纳的社保金及住房公积金并进行会计核算。在王丽丽的指导下，李华开启了社保金及住房公积金的智能申报情境的学习。

一、知识准备

（一）社会保险登记

企业在办理登记注册时，同步办理社会保险登记。企业以外的缴费单位应当自成立之日起30日内，向当地社会保险经办机构申请办理社会保险登记。

用人单位应当自用工之日起30日内为其职工申请办理社会保险登记并申报缴纳社会保险费。

自愿参加社会保险的无雇工的个体工商户、未在用人单位参加社会保险的非全日制从业人员以及其他灵活就业人员，应当向社会保险经办机构申请办理社会保险登记。

（二）社会保险费缴纳

用人单位应当自行申报、按时足额缴纳社会保险费，非因不可抗力等法定事由不得缓缴、减免。

职工应当缴纳的社会保险费由用人单位代扣代缴，用人单位应当按月将缴纳社会保险费的明细情况告知职工本人。缴费单位应当每年向本单位职工公布本单位全年社会保险费缴纳情况，接受职工监督。

无雇工的个体工商户、未在用人单位参加社会保险的非全日制从业人员以及其他灵活就业人员，可以直接向社会保险费征收机构缴纳社会保险费。

二、智能申报

（一）申报资料

武汉双木筷子制造有限公司（纳税人识别号：914201********381K）有 8 名员工，2023 年 3 月武汉双木筷子制造有限公司职工花名册如表 7-1 所示。

表 7-1　2023 年 3 月武汉双木筷子制造有限公司职工花名册

纳税人识别号	个人代码	身份证号	姓名	性别	合同开始时间	合同结束时间	员工状态	登记状态
914201********381K	001	4201021977****1516	王子文	男	2005/11/19	永久	在职	在册
914201********381K	002	4202031983****1510	何　斌	男	2012/11/19	永久	在职	在册
914201********381K	003	4201031992****152X	王丽丽	女	2016/11/30	永久	在职	在册
914201********381K	004	4201031989****3513	张文强	男	2015/6/30	永久	在职	在册
914201********381K	005	4201021992****0514	李　强	男	2015/6/30	永久	在职	在册
914201********381K	006	4201031994****2545	林小雨	女	2021/7/1	2023 年 7 月 1 日	在职	在册
914201********381K	007	4201032000****2522	冯琪琪	女	2015/12/19	永久	在职	在册
914201********381K	008	4201032002****1527	李　华	女	2022/7/1	2025 年 7 月 1 日	在职	在册

已知：社保金及住房公积金计提比例如表 7-2 所示。

要求：完成 2023 年 3 月武汉双木筷子制造有限公司社保金及住房公积金的申报工作。

表 7-2　社保金及住房公积金计提比例表

项目	企业负担	个人负担	小计
基本养老保险	16%	8%	24%
基本医疗保险（含生育保险）	9.8%	2%	11.8%
失业保险	0.5%	0.5%	1%
工伤保险	0.2%	—	0.2%
住房公积金	12%	12%	24%
合计	38.5%	22.5%	61%

（二）智能申报工作

1. 智能申报工作流程

社保费申报工作流程如下。

第一步，办税员登录国家税务总局电子税务局，采集社会保险费信息，对单位人员增员、减员、年度缴费基数申报。

第二步，办税员进行社保费和住房公积金申报，选择需要申报的月份，输入每位员工的工资提交后，系统将自动计算出缴费总额、各项险种缴费金额，确认后，系统将从绑定的银行账户中扣除相应费用。

第三步，申报完成并成功缴款后，系统会自动将缴款凭证推送至财务云共享中心，票据管理员查看凭证并对凭证进行归类，保存后系统会自动生成缴纳社保金及住房公积金的记账凭证。

第四步，财务主管对自动生成的缴纳社保金及住房公积金的记账凭证进行审核，审核完毕后系统自动生成"应付职工薪酬——社会保险费""应付职工薪酬——住房公积金"等明细账。

2. 申报表的填制

办税员输入每位员工的工资提交后，可将当月申报的每位员工的每项险种扣费情况导出。2023 年 3 月武汉双木筷子制造有限公司"社保金及住房公积金缴费明细表"如表 7-3 所示。

表 7-3 2023 年 3 月社保金及住房公积金缴费明细表

金额单位：元（列至角、分）

序号	个人编号	姓名	证件号码	申报月份	工资	基本养老保险	基本医疗保险	失业保险	工伤保险	住房公积金	缴费总额
1	001	王子文	4201021977****1516	3月	20 700.00	4 968.00	2 442.60	207.00	41.40	4 968.00	12 627.00
2	002	何 斌	4202031983****1510	3月	14 490.00	3 477.60	1 709.82	144.90	28.98	3 477.60	8 838.90
3	003	王丽丽	4201031992****152X	3月	9 430.00	2 263.20	1 112.74	94.30	18.86	2 263.20	5 752.30
4	004	张文强	4201031989****3513	3月	8 050.00	1 932.00	949.90	80.50	16.10	1 932.00	4 910.50
5	005	李 强	4201021992****0514	3月	10 350.00	2 484.00	1 221.30	103.50	20.70	2 484.00	6 313.50
6	006	林小雨	4201031994****2545	3月	13 800.00	3 312.00	1 628.40	138.00	27.60	3 312.00	8 418.00
7	007	冯琪琪	4201032000****2522	3月	6 900.00	1 656.00	814.20	69.00	13.80	1 656.00	4 209.00
8	008	李 华	4201032002****1527	3月	6 800.00	1 632.00	802.40	68.00	13.60	1 632.00	4 148.00
合计					90 520.00	21 724.80	10 681.36	905.20	181.04	21 724.80	55 217.20

知识结构图

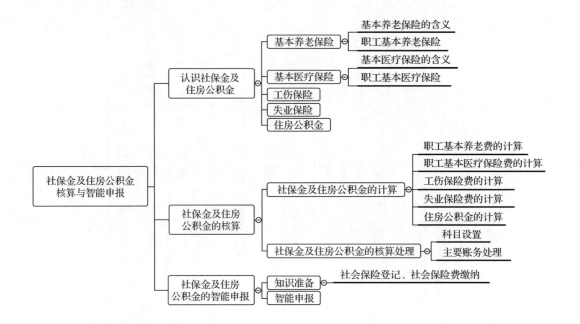

课后练习

（一）单项选择题

1. 甲公司职工孙某已参加职工基本养老保险，月工资为 16 000 元。已知当地职工月平均工资为 4 000 元，月最低工资标准为 2 000 元。则甲公司每月应从孙某工资中扣缴的基本养老保险费为（　　　）元。

A. 1 280　　　　B. 960　　　　C. 480　　　　D. 320

2. 甲公司职工谢某的月工资为 6 800 元。已知当地规定的基本医疗保险单位缴费率为 6%，个人缴费率为 2%，单位缴费划入个人医疗保险账户的比例为 30%。则谢某个人医疗保险账户每月存储额为（　　　）元。

A. 136　　　　B. 258.4　　　　C. 544　　　　D. 122.4

3. 用人单位应当自用工之日起一定期限内为其职工申请办理社会保险登记并申报缴纳社会保险费。该期限为（　　　）。

A. 30 日　　　　B. 45 日　　　　C. 60 日　　　　D. 90 日

（二）多项选择题

1. 根据社会保险法律制度的规定，下列各项中，属于职工基本养老保险费征缴范围的有（　　　）。

    A．国有企业及其职工

    B．实行企业化管理的事业单位及其职工

    C．外商投资企业及其职工

    D．城镇私营企业及其职工

2．根据社会保险法律制度的规定，下列人员中，属于工伤保险覆盖范围的有（　　　）。

    A．国有企业职工   B．民办非企业单位职工

    C．个体工商户的雇工   D．事业单位职工

3．下列社会保险中，应由用人单位和职工共同缴纳的有（　　　）。

    A．基本养老保险   B．基本医疗保险

    C．工伤保险   D．失业保险

（三）判断题

1．实行企业化管理的事业单位及其职工不属于职工基本养老保险的征缴范围。　　　　　　　　　　　　　　　　　　　　　　　　　（　　　）

2．无雇工的个体工商户可以参加职工基本医疗保险，由个人按照国家规定缴纳基本医疗保险费。　　　　　　　　　　　　　　　　　　（　　　）

3．职工应当参加工伤保险，由用人单位和职工按照国家规定共同缴纳工伤保险费。　　　　　　　　　　　　　　　　　　　　　　　（　　　）

4．职工应当参加失业保险，由用人单位缴纳失业保险费，职工不需要缴纳失业保险费。　　　　　　　　　　　　　　　　　　　　　（　　　）

5．职工个人缴存的住房公积金和职工所在单位为职工缴存的住房公积金，属于职工个人所有。　　　　　　　　　　　　　　　　　　（　　　）

（四）素质案例分析题

【案例资料】

新中国成立以后，为适应计划经济体制建立了社会保险制度，其主要内容有国有企业职工的养老保险和劳保医疗制度、机关事业单位的养老保险和公费医疗制度。特点是国家出资、单位管理。存在一定弊端，包括覆盖面过于狭窄，主要局限于国有单位；保障层次单一，国家和用人单位大包大揽，职工不出资，缺乏自我保障意识；企业办社保，分散企业精力，经营亏损时职工权益难以保障；保障项目不完全，否认失业保险，使国有企业形成大量冗员。

随着我国经济体制改革的不断深入，1986年4月通过的"七五"计划首次

提出了社会保障的概念，提出要有步骤地建立具有中国特色的社会保障制度。

1993 年通过的《关于建立社会主义市场经济体制若干问题的决定》把社会保障制度列为社会主义市场经济框架的五大环节之一，这标志着社会保障制度改革进入体系建设的新时期。

2010 年 10 月，我国公布了《中华人民共和国社会保险法》，并于 2011 年 7 月 1 日起正式施行。这是新中国成立以来第一部社会保险制度的综合性法律，确立了中国社会保障体系的基本框架。该法律规定，国家建立基本养老保险、基本医疗保险、工伤保险、失业保险、生育保险等社会保障制度。

2018 年 12 月 29 日，第十三届全国人民代表大会常务委员会第七次会议审议通过修正的《中华人民共和国社会保险法》。

【案例解读与思考】

社会保障是保障和改善民生、维护社会公平、增进人民福祉的基本制度保障。目前，我国社会保障体系建设进入快车道，建成了世界上规模最大的社会保障体系，为人民创造美好生活奠定了坚实基础。有了完备的社会保障体系，人民群众在面对疾病、失业等风险时有了相应的制度保障，获得感、幸福感、安全感更加充实、更有保障、更可持续。

《中华人民共和国社会保险法》是中国特色社会主义法律体系中起支架作用的重要法律，是一部着力保障和改善民生的法律。它的颁布实施，使社会保险制度更加稳定、运行更加规范，使相关各方、特别是广大劳动者有了维护自身合法权益的有力武器，并必将带动一系列单项法规、规章和规范性文件的制定实施，从而使社会保险体系建设全面进入法制化的轨道。

思考：健全的社会保障制度对促进社会主义和谐社会建设的重要意义。